Er sucht Sie

WIE FINDE ICH EINE FREUNDIN IN 14 TAGEN FÜR ANFÄNGER & DUMMIES

AUS DER PRAXIS FÜR DIE PRAXIS!

Daniel Webster

Verlagsnummer: 9806484
Fotomodell: Silke Winter
Umschlaggestaltung: Maria Ljungdahl, Silke Winter
Lektorat: Sabine Dinger
Herstellung: Books on Demand GmbH
ISBN 3-9806484-1-9

INHALTSVERZEICHNIS

Wir werden gemeinsam einen langen Weg gehen.
Entscheiden Sie sich, ob und wie weit Sie dann allein weitergehen wollen. Ich werde Ihnen meine Erfahrungen, Methoden und Ideen vorstellen, mit denen Sie ihr Ziel, eine Freundin zu finden, mit Sicherheit erreichen können.
Was Sie damit anfangen, ist einzig und allein Ihre Sache.

EINFÜHRUNG

Stefan R. aus Freiburg hat keine Freundin, keine Partnerin, keine Beziehung. Er fühlt sich allein und verlassen. Er ist sehr einsam und er leidet darunter. Sein Alleinsein fällt ihm schwer. Manchmal hat er tagelang keine Lust, seine Wohnung zu verlassen.

Verstohlene, neidische Blicke auf glückliche Paare auf der Straße, in Kaufhäusern oder Parks, in Kneipen und Cafés. Geht es Ihnen auch so?

Wir leben heute in einer schnellebigen, hochmodernisierten Welt, die sich ständig und rasant verändert. Die Gesellschaft von heute erfordert von uns viel Lebensenergie. Viele von uns sind einfach müde und träge geworden. Als Folge davon haben viele Menschen vergessen, wie man miteinander kommuniziert und sie haben große Schwierigkeiten, einen Partner oder Partnerin zu finden. Die Kommunikationsprobleme werden immer größer und größer. Eine regelrechte Entfremdung findet zur Zeit statt.

In unserer „modernen" Gesellschaft kommt immer mehr eine moderne Krankheit zum Vorschein; **die Krankheit des Alleinseins. Eine langsame, stille und furchtbare Krankheit.**

Millionen Menschen leben allein, enttäuscht und sogar verbittert, ohne zu verstehen, was wirklich mit ihnen los ist, und seit wann sie an dieser Krankheit leiden. Wir leben heutzutage in einem viel zu schnellen, ja in einem selbstmörderischen Tempo, wobei unsere Gefühle und unsere innerlichen Bedürfnisse leider auf der Strecke geblieben sind.

Jeder von uns kann leicht feststellen, daß in dieser „zivilisierten" Welt etwas fehlt: **Es fehlt Liebe, und Liebe ist die Nahrung für unsere Seelen.**

Abgesehen von einigen wenigen Singles, vielleicht fünf Prozent, die sich das Alleinsein selbst ausgesucht haben, sind die anderen fünfundneunzig Prozent immer noch allein, obwohl sie sich einen Partner oder eine Partnerin sehr, sehr wünschen.

Wie kann diesen Menschen geholfen werden? Gehören Sie auch zu den fünfundneunzig Prozent? Wenn ja, dann lesen Sie dieses Buch weiter... und wenn nein, dann schenken Sie es jemandem, der es dringend braucht.
Es ist mit Sicherheit gut für die Menschen, die allein sind und sich einsam fühlen, einen Partner oder eine Partnerin zu finden. Das wäre die Lösung für Probleme, die aus ihrem Alleinsein stammen und das Alleinsein berühren.
Dieses Buch über die Partnersuche, kann solchen Menschen wirklich helfen, aber leider nur mit einer kleinen Einschränkung: ich kann aus meiner Erfahrungen nur über die Suche nach einer Partnerin schreiben, da ich selbst ein Mann bin. Das Gute daran ist, wenn manch so einer, in der nächsten Zeit, mit Hilfe dieses Buches eine Freundin findet, so wird indirekt auch einsamen Frauen geholfen, die dann eben auch einen Partner gefunden haben und nicht mehr allein sind.
Als ich vor vielen Jahren angefangen hatte, mich für Frauen zu interessieren, habe ich mir so ein Buch sehr gewünscht. Dieser Wunsch konnte damals leider nicht erfüllt werden. Zu der damaligen Zeit gab es solche Bücher nicht.
Niemand konnte mir einen guten Rat über den Umgang mit Frauen geben. Im Gegenteil: Ich mußte mir nur viele Lügen und Angebereien anhören. So mußte ich den Weg allein, schüchtern wie ich damals war, ja fast verängstigt und ohne jede Vorbereitung, gehen. Ich hatte keine andere Wahl. Deswegen ist das heute mein Wunschbuch, das Buch, das ich damals so gern gehabt hätte.
Ich habe die Herausforderung angenommen und Monat für Monat, Jahr für Jahr, Erfahrungen und Erlebnisse mit vielen Frauen gesammelt.
Eine Zeitlang suchte ich nur nach noch mehr Frauen, nach noch mehr Anerkennung, nach noch mehr Liebe. Den Weg, den ich damals gegangen bin, habe ich inzwischen sehr gut kennengelernt. Aber wohin mit allen meinen Erfahrungen? Warum anderen nicht helfen, etwas glücklicher zu werden? Warum anderen nicht die Chance geben, (die ich nicht hatte) aus so einem Buch zu lernen und Erfolg bei Frauen zu haben? Die Techniken, Strategien, Fertigkeiten und vor allem die Grundeinstellung, die ich auf diesen Seiten niedergelegt habe, werden für viele von großem Nutzen sein. Das ist alles erlernbar!

Ein Blick auf den Büchermarkt hatte mich bei der Entscheidung dieses Buch zu schreiben nur noch gestärkt. Viele Bücher über dieses Thema wurden von Psychologen geschrieben, die uns einreden wollen, daß wir alle krank sind und alles falsch machen, daß wir uns sofort und unbedingt ändern müssen. Alles allgemeine und unpraktische Sachen, und ich frage mich, wo sind die wirklichen, tagtäglichen und vor allem praktischen Erfahrungen geblieben?
Fast alles, was Psychologen und selbsternannte Experten bis jetzt darüber geschrieben haben, ist nur reine Theorie ohne größeren praktischen Wert.
Natürlich müssen wir uns und unsere Gewohnheiten ändern, aber hüten Sie sich vor zu schnellen Veränderungen in Ihrem Leben!
Warum gibt es kein Buch, in dem von Mann zu Mann gesprochen wird?
In den Büchern, die ich bis jetzt gesehen habe, und ich sage es Ihnen, davon habe ich viele gesehen, gab es meistens nur ein Psychologe-Patient oder Lehrer-Schüler-Verhältnis.

Ich habe nichts gegen Psychologen oder Lehrer, aber sie gehören in eine Arztpraxis oder Schule, und das wirkliche Leben gehört uns „normalen" Menschen, wie Ihnen und mir.

Ein junger Mann ging einmal zu einem Psychologen und beschwerte sich, daß er in erwachsenem Alter immer noch ein Bettnässer war. Ein paar Monate danach fragte ihn ein Freund, ob er nach der psychologischen Therapie immer noch ins Bett mache. „Ja", antwortete der junge Mann, „aber das macht mir überhaupt nichts mehr aus!"

Das ist der falsche Weg. Das ist nur eine Verschiebung und keine Lösung von unseren Problemen. Es genügt nicht, sich selbst einzureden: Ich habe keine Freundin, das macht mir aber nichts aus. Und genau das kann man heutzutage von vielen Psychologen hören. In diesem Buch ist das Gegenteil der Fall. Dieses Buch gibt Ratschläge darüber, wie man gezielt handelt, um gute Erfolge zu erzielen.

□ **Handeln, anstatt nur zu klagen!**

Zur Zeit gibt es verschiedene Flirtkurse, was zu begrüßen ist. Nur der Bedarf an Informationen dieser Art ist einfach zu groß, um ihn mit ein paar schnellen und oft sehr teueren Flirtkursen decken zu können. Dieses Buch basiert auf vielen, jahrzehntelangen Erfahrungen mit der Partnersuche und Erfahrungen im Umgang mit Frauen. Diese Erfahrungen möchte ich Ihnen weitergeben.
Die genaue Zahl der Frauen, mit denen ich für kürzere oder längere Zeit zusammen war, kenne ich nicht, aber auf jede Frau, die ich erobert habe, kommen drei bis fünf Körbe, und diese Erfahrungen sind auch da. Ich kann sie nicht vergessen. Nutzen Sie die Chance, aus meiner Erfahrungen und Fehlern zu lernen.

□ **Lesen Sie dieses interessante Buch und lassen Sie sich anregen und motivieren!**

Machen Sie sich das Leben aufregender.

Tun Sie, was Sie schon immer tun wollten.

Nehmen Sie den Schlüssel für eine erfolgreiche Partnersuche entgegen!

Fangen Sie an!

Nichts hält Sie zurück.

Beklagen Sie sich nicht, weil Sie die Welt lieber anders hätten.

Tun Sie etwas.

Leben Sie nicht in Wünschen und Hoffnungen, sondern im Handeln.

Es ist kinderleicht.

Das ist die entscheidende Botschaft dieses Buches.

Seien Sie aktiv. Was Sie dadurch gewinnen, ist mehr, als Sie sich vorstellen können.

Und nicht nur das.

Es muß nicht immer heißen: Tu dein Bestes. Es reicht vollkommen, wenn Sie es einfach tun!

Es ist das Handeln, das jedem Erfolg vorausgeht.

Nur die Tat schafft Ergebnisse und kann etwas bewirken!

* * *

ER SUCHT SIE

□ **Wissen Sie, daß es Tausende Männer gibt, die keine Freundin finden können, obwohl ihnen jeden Tag Hunderte von Frauen begegnen!**

Verrückt, nicht wahr?
In dieser Welt wimmelt es von Frauen, und wenn ich einen Mann höre, wie er sich über sein Alleinsein beklagt, dann verstehe ich die Welt nicht mehr.
Warum das so ist, konnte ich lange Zeit nicht verstehen, bis zum Gespräch mit einem Arbeitskollegen. Ich wußte, daß er seit Monaten (wenn nicht seit Jahren) erfolglos nach einer Freundin suchte. Er begann mir eines seiner Erlebnisse zu schildern, das sich ungefähr so ereignet hatte:

„Ich habe gestern im Supermarkt eine absolute Traumfrau gesehen!“ sagte er zu mir.
„Ich stand da, wie angewurzelt, absolut sprachlos, als ich sie gesehen habe. Stell' dir vor, sie hat mich kurz angeschaut und sogar angelächelt!“
„Und was hast du dann getan?“ fragte ich.
„Ja, ich habe sie auch mehrmals angeschaut und die ganze Zeit versucht, in ihrer Nähe zu sein. Und sie hat dasselbe gemacht. Stell` dir vor, sie hat sich beim Gemüsestand direkt neben mir extra lange aufgehalten und mich dann wieder angelächelt! Einfach eine Traumfrau, glaube mir!"
Er seufzte und vertiefte sich noch mehr in seine Erinnerungen.
“ Und weiter?“ fragte ich ungeduldig.
„Nichts weiter. Sie ist weggegangen, und ich habe meine Einkäufe erledigt.“

Und in diesem Moment wurde mir alles klar. Ich habe es endlich begriffen. Dieser Mann wartete seit Jahren nur darauf, daß ihm eine Freundin vom Himmel fällt und er hatte keinen Mut gefunden, selbst etwas zu unternehmen, oder was noch schlimmer ist, er war sich gar nicht bewußt, daß er in so einer Situation, wie dieser, etwas unternehmen sollte! Und er war zu diesem Zeitpunkt fast dreißig Jahre alt!

Erst, als ich mit ihm darüber gesprochen hatte und ihm meine Einsichten gesagt und ein paar Tips gegeben hatte, wurde ihm klar, daß er einen Fehler gemacht hatte.
Etwa zwei Wochen nach unserem Gespräch rief er mich an und erzählte mir stolz, daß er endlich eine Freundin gefunden hätte!
Da habe ich gesehen (ohne falsche Bescheidenheit), daß meine zwei oder drei Ratschläge jemandem tatsächlich geholfen haben.

Sehen wir uns ähnliche Beispiele an:

Karsten P. aus Hamburg ist sehr schüchtern und hat große Schwierigkeiten, sich mit einer Frau zu unterhalten, obwohl er ganz gut aussieht.
Er hat eine panische Angst vor Blamage und deshalb redet er auch nicht viel mit Frauen. Folglich, hat er auch keine Freundin, obwohl das sein größter Wunsch ist.
Unfaßbar nicht wahr?
Er möchte sich mit Frauen unterhalten, tut es aber nicht. Er möchte gern eine Freundin haben, hat aber keine. Unglaublich und traurig.

Kommt Ihnen das bekannt vor?

Rüdiger B. aus Ratzeburg ist ein junger, erfolgreicher Geschäftsmann, zufrieden mit sich selbst und der ganzen Welt, bis auf eine Sache; er hat auch keine Freundin. Seine angeblich zahlreichen Eroberungen mit denen er in seinem Freundeskreis ständig protzt, existieren nur in seiner Phantasie oder beziehen sich auf Erfahrungen mit Prostituierten, was seine Freunde natürlich nie erfahren dürfen. Seine Ausrede, für eine feste Beziehung einfach keine Zeit zu haben, ist eine glatte Lüge; Rüdiger wünscht sich nichts sehnlicher, als eine Freundin zu haben.

□ Können Sie sich in seine Lage versetzen und verstehen, was für ein stilles Leid er tragen muß?

Oder haben Sie auch solche Probleme?
Sitzen Sie öfters den ganzen Tag zu Hause und ärgern sich über sich selbst?

Haben Sie vielleicht auch irgendwann versucht, eine Frau kennenzulernen und sich dabei bis auf die Knochen blamiert und nach zehn Sekunden einen Korb bekommen nur weil Sie in den zehn Sekunden nichts über die Lippen bekommen haben?

Hindert Ihre Schüchternheit Sie daran mit Frauen zusammenzusein, die Sie gerne kennenlernen möchten?

□ **Lassen Sie sich auch Erlebnisse entgehen, die Ihnen zustehen? Warum?**

Viele Männer haben zwar etwas Mut eine Frau anzusprechen, aber sie tun es manchmal so frech oder sogar ordinär und unter jedem Niveau, daß es kein Wunder ist, daß sie keinen Erfolg haben. Und je mehr sie sich bemühen (auf falsche Art und Weise), desto weniger gelingt es ihnen, eine Frau kennenzulernen. Und dann behaupten sie noch fälschlicherweise, daß alle Frauen eingebildet und unerklärlich seien!

Gutaussehend oder nicht, intelligent oder dumm, schüchtern oder frech, viele Männer haben einfach keinen zufriedenstellenden und dauerhaften Erfolg bei Frauen.

Warum?

□ **Weil sie nicht wissen, wie man eine Frau anspricht, ihr Interesse erweckt und sie dann erobert. So etwas lernt man nicht in der Schule oder an der Universität.**

□ **Wissen Sie, wie es ist von vielen Menschen umgeben zu sein und sich doch vollkommen allein zu fühlen?**

Fragen wir uns:

Muß das sein?

Wie lange möchten Sie noch allein sein?

Keinen einzigen Tag mehr?

Keine Stunde länger?

Was ist zu machen?

Der erste wichtige Schritt ist dieses Buch durchzulesen.

Lernen Sie aus dem Buch ein paar Übungen und Tips, wie man eine Frau kennenlernt und erobert und wenden Sie sie an!

Ja, Sie haben es richtig gelesen. Es gibt sie doch, die Übungen, Techniken und Strategien. Alles muß gelernt sein. Selbst das Gehen und Sprechen mußten Sie lernen, obwohl das heute für Sie die natürlichste Sache der Welt ist. Wenn Sie sich daran nicht mehr erinnern können, dann fragen Sie Ihre Eltern, wie schwierig damals Ihre ersten Gehversuche waren.
Eine Frau kennenzulernen und zu erobern ist auch die natürlichste Sache der Welt, aber man muß es trotzdem lernen. Zum Trost: Es ist viel leichter, als zum Beispiel Autofahren lernen. Um wirklich Erfolg bei Frauen zu haben, sollen die Übungen aus dem Buch gut verstanden und vor allem auch wirklich angewendet werden!

□ **Sind Sie wirklich bereit, etwas Zeit und Mühe zu investieren, um Erfolg bei Frauen zu haben?**

Jede von diesen Techniken können Sie später Ihrem Charakter anpassen und beliebig oft mit Ihren eigenen Variationen neu ausprobieren, ohne dabei die Basis der Technik oder ihre Grundidee zu verändern.

Ich setze voraus, daß Sie bereit sind, auch selbständig zu denken! Die berühmte Hilfe zur Selbsthilfe. Mein Ziel ist es nicht nur, daß Sie lernen, die Muster und die Strategien, die ich hier beschreibe, zu beherrschen. Sie sollen später eigene Techniken, eigene Strategien entwickeln, damit Sie nie wieder in Ihrem Leben in so eine Situation geraten, wie diese, in der Sie sich jetzt befinden!

Alle Übungen in diesem Buch basieren auf den wirklichen, tagtäglichen Erfahrungen, die ich in meinem langjährigen Umgang mit Frauen selbst ausprobiert und erfolgreich getestet habe.

Sie werden sehr schnell selbst feststellen können, daß auch Ihre eigenen Ideen und Gedanken erfolgreich sein können.

Tun Sie nur den ersten kleinen Schritt nach vorne!

Verspüren Sie einen starken Tatendrang? Nur so können Sie Ihr Ziel, eine Freundin zu finden, schneller erreichen. Und vergessen Sie bitte nicht: **Es geht um Ihr Leben, machen Sie daraus, was Sie wollen**.

Der Schlüssel liegt im gegenwärtigen Augenblick.

Genießen Sie ab jetzt Ihr neues Leben.

Bewegen Sie sich und wirken Sie in dieser Welt voller Frauen!

Lassen Sie Ihre neuen Erfahrungen Ihr Führer und Ihr bester Freund werden. Ich wiederhole es gern noch einmal: **Es ist das Handeln, das jedem Erfolg vorausgeht!**

Die kleinen, aber wichtigen Veränderungen in Ihrem Charakter werden aus Ihren eigenen Erfahrungen hervorkommen und Ihr Selbstbewußtsein stärken!
Sie werden immer mehr an sich selbst glauben, und Sie werden sich den Wunsch, eine Freundin zu finden und nicht mehr allein zu sein, endlich erfüllen können. Die einzige Voraussetzung dafür ist, daß Sie Frauen lieben sollen, aber das kann Ihnen nicht so schwer fallen, oder?

□ **Sie haben die Freiheit, sich zu entscheiden.**

Beginnen Sie sofort. Entscheiden Sie sich in Zukunft, die Verantwortung für sich selbst in die eigenen Hände zu nehmen.

□ **Sie können es!**

* * *

IMMER NOCH ALLEIN, WARUM?

□ **Alles wird gut!**

Immer noch allein, warum?
Können Sie diese Frage beantworten?
Können Sie eine ehrliche Antwort geben?
Welche Gründe für Ihr Alleinsein könnte es nur geben?

Vielleicht haben Sie wirklich keine Zeit, eine Freundin zu finden oder meinen Sie, daß Ihre schlechte finanzielle Situation Schuld daran haben könnte (sprich: Frauen lieben Männer mit Geld), daß Sie keine Freundin haben?

Vielleicht denken Sie, daß Ihnen Ihre Eltern (oder ein Elternteil) im Weg stehen (aus welchem Grund auch immer)?

Sind Ihre Geschwister, Ihre Freunde, Ihre Ex-Frau oder Ex-Freundin, oder Ihr(e) Kind(er) (falls Sie geschieden sind) ein Störfaktor auf Ihrer Partnersuche?

Ist da vielleicht eine Verschwörung gegen Sie?

Ist die ganze Welt gegen Sie?

Die Sterne und das Schicksal?

Benehmen sich alle Frauen seltsam, wenn Sie sich mit ihnen unterhalten?

Gibt es wirklich keine einzige Frau, die Sie versteht?

□ **Nein, nein und noch einmal nein!**

Es ist falsch, die Gründe für Ihr Alleinsein in äußeren Umständen oder bei den anderen Menschen zu suchen.

Die Gründe, warum Sie immer noch allein sind, liegen nur bei Ihnen!

Der wichtigste Schritt, um ein Problem zu lösen ist, das Problem an der richtigen Stelle zu suchen.

Sie haben das schon gewußt?

Haben Sie Ihr Problem auch gefunden?

Warum haben Sie es bis jetzt noch nicht gelöst?

Viele Menschen suchen überall nach den Gründen und Ursachen ihrer Probleme, nur nicht bei sich selbst, nur weil es eben bequemer und viel leichter ist.
Welchen Grund Sie auch immer finden, ich bin sicher, daß Sie etwas vergessen haben.
Erfahrungsgemäß kann ich Ihnen sagen, daß der Grund Ihres bisherigen Mißerfolges auf der Partnersuche die fehlende Motivation bzw. die Nichterkennung Ihres eigenen Zieles war.

Wie wollen Sie ein Ziel erreichen, wenn Sie keine klare Vorstellung von ihm haben?

Ein eindeutiges, persönliches Ziel soll wie ein Magnet sein, das Sie mühelos auf dem natürlichen Weg stark und automatisch anzieht.

□ **Und denken Sie daran, nur Sie selbst können etwas gegen Ihr Alleinsein tun!**

Beginnen Sie mit den Handlungen, die Sie zu dem Ziel führen werden.

□ **Partnersuche = Partner + Suche, also die Suche nach einem Partner! Wer richtig motiviert ist, der wird suchen, suchen und eine Partnerin finden!**

Die Tatsache ist leider, daß nur wenige Menschen das Leben leben, von dem sie träumen.
Warum?
Nur weil es beständiges Handeln erfordert.

Wenn Sie Ihr persönliches Ziel (eine Freundin zu finden) erkannt haben, heißt das natürlich nicht, daß Sie das Ziel automatisch erreicht haben, aber mit der Erkennung Ihres Zieles haben Sie einen wichtigen Schritt nach vorne gemacht, und wenn noch die richtige Motivation dazu kommen würde, würden Sie sehr bald kurz vor dem Ziel stehen.

Motivation heißt im Klartext:

□ **Kämpfen Sie um Ihr Glück! Wer nicht wagt, der gewinnt nicht.**

□ **Ihr Wille ist das Geheimnis Ihres Erfolges oder Mißerfolges!**

□ **Sie ahnen nicht einmal, wieviel Macht Sie und Ihr Wille haben können!**

Wenn Sie eine oder zwei, der in diesem Buch beschriebenen Techniken anwenden, haben Sie bereits den ersten Schritt getan. Sie werden etwas in Bewegung setzten, das eine Wirkung zeigen und zu einem Ergebnis führen wird.
Jedes Ergebnis wird sich an das vorherige Ergebnis anschließen und Sie in der Richtung weiterbringen, die Sie zu Ihrem Ziel (eine Freundin zu finden) mit großer Bestimmtheit führen wird.

„Ich bin nicht attraktiv genug" oder „ich bin häßlich" wird vielleicht jemand sagen.
„Ich bin zu klein" oder „zu groß, schüchtern und phantasielos", solange Sie sich in dieser Weise beschreiben, verfügen Sie über eine vorgefertigte Entschuldigung, um mit Frauen keinerlei Risiken eingehen zu müssen.
Wie bequem und töricht.
Wollen Sie wirklich Ihr liebloses Leben mit solchen Gedanken rechtfertigen?
Eine Freundin zu finden ist viel leichter als man denkt. Die Freundin aber dann auch wirklich behalten zu können und eine feste und ernsthafte Beziehung mit ihr aufzubauen, ist viel schwieriger.

Ihre, vor allem, negativen Beschreibungen Ihrer selbst sind nur erlernte Verhaltensmuster der Vermeidung. Sie können genau so lernen, so gut wie alles zu sein, was Sie schon immer sein wollten, wenn Sie sich dazu entschließen.

Stärken Sie Ihre Motivation, treffen Sie die endgültige Entscheidung, daß Sie nicht mehr allein bleiben wollen, und Sie werden sich bald über Ihre schnellen Fortschritte freuen können und was noch wichtiger ist, Sie werden nicht mehr allein sein!

□ **Sie können es!**

Viele Menschen haben Schwierigkeiten oder sogar Angst, ständig Entscheidungen treffen zu müssen. Sie sollen eine solche Entscheidung wie zum Beispiel diese, nur ein einziges Mal treffen.

Jetzt und für immer:

□ **Ich will nicht mehr allein sein!**

Der Beweis, daß es Ihnen doch nicht ganz an Motivation fehlt, ist, daß Sie dieses Buch gekauft haben.

Einige werden zuerst das Buch zu Ende zu lesen (vielleicht auch zwei oder dreimal bis alles klar ist), sich gut vorbereiten und erst dann die Techniken und Übungen durchführen.

Einige werden das Buch vielleicht erst schnell durchblättern und dann es wieder von vorne richtig lesen und das ist auch in Ordnung.

Wenn Sie aber dieses Buch nur lesen und nichts unternehmen, haben Sie damit Ihre Zeit vergeudet. Es wird sonst alles so bleiben wie es jetzt ist. Das Lesen allein wird Ihnen nicht helfen können. Umstände, Situationen, Ereignissen wandeln sich nicht von allein zum Guten. Die Dinge verändern sich schon von sich aus, nur besser werden sie dadurch nicht.

□ **Die beste Methode ist »learning by doing!«**

Lesen Sie dieses Buch und setzen Sie das Gelesene gleich in die Tat um!

Wenden Sie das Gelesene gleich wirksam an!

Die Übungen durchzuführen wirkt Wunder.

Es besteht sonst die Gefahr, daß Sie das Buch nachdem Sie es gelesen haben einfach liegenlassen und so lange vergessen bis Sie das unerträgliche Leiden des Alleinseins dazu zwingt, es wieder in die Hände zu nehmen, und damit verlieren Sie viel Zeit.

Überlegen Sie gut, ob Sie bei der „redenden" Mehrheit der Menschen für immer bleiben wollen oder doch zu der „handelnden" Minderheit wechseln wollen um damit endlich Erfolg bei Frauen haben zu können.

Und jetzt zu der Praxis.
Merken Sie sich Eines:
Ihr Aussehen ist nicht entscheidend. Ein gesundes Maß an Sauberkeit und normale Körperpflege (Duschen und Zähneputzen sind absolute Pflicht) sowie eine ganz normale, auf jedem Fall gepflegte Kleidung und ein paar Spritzer Rasierwasser genügen vollkommen.
Es kann natürlich hilfreich sein, wenn Sie sich modisch kleiden, aber nur dann, wenn das Ihrem bisherigen Kleidungsstil entspricht, sonst werden Sie sich nicht so wohl, natürlich und entspannt fühlen, wie das für eine erfolgreiche Partnersuche erforderlich ist.

Drehen Sie sich auf der Straße um.

Was sehen Sie?

Jede Menge hübsche Frauen (und zwar wirklich hübsch), die mit ganz normalen Männern zusammen sind, mit Männern die vielleicht viel schlechter aussehen als Sie!
Man kann also viele schöne Frauen mit „häßlichen" Männern sehen, nicht wahr?

Sie können auch „gut“ aussehen, aber nicht wegen Ihres Egos oder Ihrer Eitelkeit, sondern als Zeichen Ihres normalen und gesunden Respekts gegenüber anderen Menschen mit denen Sie täglich in Kontakt kommen.

□ **Wir respektieren andere und dafür werden wir von anderen auch respektiert!**

Ihr Aussehen ist nicht der Grund, warum Sie allein sind. Überprüfen Sie Ihre bisherige Motivation:
Wie lange suchen Sie nach einer Freundin?

Wie oft haben Sie schon versucht, eine Frau kennenzulernen und zu erobern?

Was haben Sie bis jetzt alles versucht?

Haben Sie wirklich alles versucht?

Haben Sie nur schlechte oder auch gute Erfahrungen mit Ihren Versuchen gemacht?

Haben Sie aus den schlechten Erfahrungen etwas gelernt oder haben Sie nur den Mut verloren weiterzumachen?

Ehrliche Antworten auf diese Fragen werden Ihnen weiterhelfen.

Unsere Denkgewohnheiten und die Denkart gibt unserer Weltanschauung ihre helle oder dunkle Farbe. Sind wir mutlos und deprimiert, sieht alles schwarz aus.
Das liegt aber nicht in Wirklichkeit in den Dingen selber, sondern an unserer Brille. Es ist deshalb immer besser, daß wir in unserer Zukunft und unserem Vorhaben und Plänen eher Möglichkeiten und Chancen sehen, als Schwierigkeiten. Wir können die Schwierigkeiten natürlich nicht übersehen, weil jeder auf seinem Weg Hindernisse hat, aber sie sind dazu da um uns fähiger zu machen. Sie helfen uns, die Stärke zu entwickeln und unsere verborgenen Kräfte zu erwecken.

An den Schwierigkeiten wächst unsere Intelligenz (wie wir das schon aus der Evolution kennen), entwickelt sich unsere Geduld und entfaltet sich unser Mut. Wenn das bei Ihnen nicht der Fall ist, kann das der Grund für Ihr Alleinsein sein. Sie haben aus Ihren Schwierigkeiten nichts gelernt. Manche sehen Probleme nur als Probleme und andere sehen in Problemen einen wertvollen Lehrstoff.

Zu welcher Gruppe gehören Sie?

Keine Frau wird sich an einen unverbesserlichen Pessimisten binden wollen.

Überall im Leben trifft man eine positive und eine negative Einstellung. Viele Menschen sehen unglücklicherweise nur die negative Seite der Wirklichkeit und geben sehr leicht auf, weil sie der Meinung sind, daß es sowieso nicht lohnt, dagegen zu kämpfen, statt das Positive zu sehen und zu tun.
Anstatt alle ihre Kräfte zu mobilisieren, überlassen sich solche Menschen lieber Verzweiflung und Bitterkeit.

□ **Eine negative Einstellung lohnt sich nie!**

Wenn ich eine wunderschöne Frau auf der Straße sehe, dann frage ich mich nicht ob, sondern wie ich sie erobern kann, und ich tue es! Just do it!

□ **Sie können es auch!**

Die positive Einstellung und mutige Gedanken können wir natürlich nicht von heute auf morgen erlangen und wir können sie auch nicht erzwingen. Eher sollen wir sie im Geist einpflanzen und ruhig wachsen lassen. Es liegt in der Natur dieser Welt, daß alles wächst und sich vermehrt.
Gedanken sind wie Samen, sie sollen sich entwickeln und entfalten. Es lohnt sich deshalb, den Boden (Geist) zu pflegen und das Wachstum zu fördern. Durch die positive Lebenseinstellung handelt man viel mutiger und der Erfolg läßt nicht lange auf sich warten.

Ausgehend von dem, wie Sie die Welt wahrnehmen, entscheiden Sie selbst, was Sie fühlen und wie Sie handeln.

Fassen wir es noch einmal kurz zusammen:

□ **Das Ziel = eine Freundin zu finden.**

□ **Das Problem = fehlende Motivation + negative Lebenseinstellung.**

□ **Die Lösung = Motivation + positive Lebenseinstellung + aktiv werden und wirken.**

□ **Sie können es!**

Es ist nicht meine Absicht das Ganze zu verallgemeinern, sondern möglichst direkt und unkompliziert zur Lösung des Problems zu kommen.

Wenn Sie bei sich selbst noch andere Probleme gefunden haben, arbeiten Sie daran, sie zu lösen!
Warten Sie nicht, bis Sie perfekt sind, das wird nie der Fall sein.

Ganz im Gegenteil:

Indem wir Handeln, werden wir immer besser und besser.

Nur Aktivität kann uns zu unserem Ziel bringen!

Zum Beispiel, denkt man immer, daß schöne, markante und vor allem bekannte Schauspieler oder Sänger von vielen Frauen begehrt und verehrt werden, was auch stimmen mag, aber was heißt das genau? Wir lesen in einer Zeitung, daß laut Umfragen sechzig Prozent der befragten Frauen gerne mit dem und dem Schauspieler oder Sänger eine Nacht zusammen verbringen würden. Betrachten wir das Ergebnis dieser Umfragen etwas näher: Ungefähr die Hälfte dieser Frauen (wenn nicht mehr) sind in festen Händen, also sie sind sowieso nicht mehr zu haben , es bleiben also noch dreißig Prozent.

Das ist eine hohe Zahl, sollte man meinen, aber ich versichere Ihnen, daß von den übrigen Frauen jede zweite ihre Meinung ändern würde, wenn sie nur die Gelegenheit bekäme, diesen Schauspieler auch privat etwas besser kennenzulernen, um zu sehen, wie er wirklich ist.
Nach einem gemeinsamen Abendessen und einem längeren Gespräch würde sie, von ihm enttäuscht, schon längst weggehen wollen!
Es mag sein, daß er bei den restlichen Frauen (also fünfzehn Prozent von ursprünglich sechzig Prozent) tatsächlich eine Chance hätte, aber nur deshalb weil sie ihn, über seine Filme und die Presse, schon seit Jahren kennen.
Mindestens zehn Prozent mögen und begehren ihn nur, weil sie ihn schon so oft am Bildschirm oder Leinwand gesehen haben.
Wenn sie ihn nie gesehen hätten, dann hätten sie ihn natürlich gar nicht mögen können!

Genauso ist es mit uns „gewöhnlichen" Männern. **Das ist einfach, das Gesetz der Wahrscheinlichkeit.**

Wie viele Frauen hätten die Möglichkeit, uns kennenzulernen, wenn wir uns nicht selbst darum bemühen würden?

Das Gesetz der Wahrscheinlichkeit ist ein sehr wichtiges Gesetz, wenn wir verstehen wollen, warum manche Männer bei Frauen mehr Erfolg haben als die anderen.
Männer mit mehr Erfolg versuchen ihr Können und Glück bei mehr Frauen als die anderen.

Wenn Sie, lieber Leser auch so eine Chance berühmt zu werden hätten, und die ganze Werbeindustrie für Sie arbeiten würde, glauben Sie mir, das Ergebnis einer solcher Umfrage würde für Sie nicht viel schlechter ausfallen!

Wir kommen nun zu dem Beschluß, daß „nur" fünf Prozent von ursprünglich sechzig Prozent gefragten Frauen diesen Schauspieler wirklich begehren. Natürlich ist das bei den Tausenden und Tausenden Frauen, die ihn kennen, eine sehr hohe Zahl, aber man kann ihm das gönnen, bei so viel Arbeit an seiner Karriere.

Jetzt kommt aber das Beste:

□ **Nachdem Sie dieses Buch zu Ende gelesen und Sie sich mit einigen Übungen vertraut gemacht haben, die Übungen ausprobiert, lange genug geübt und die nötigen Erfahrungen gesammelt haben, werden Sie das gleiche Ergebnis von fünf Prozent erzielen können!**

Ja, Sie lieber Leser! Schütteln Sie nicht ungläubig den Kopf. Von hundert Frauen (die keinen Partner haben und frei sind), die Sie in den nächsten Tagen ansprechen werden, werden zwanzig bereit sein, Ihnen ihre Telefonnummer zu geben, zehn werden sich mit Ihnen auch tatsächlich treffen wollen und fünf werden Sie erobern können.
Genau fünf Prozent! Tendenz steigend, je mehr Erfahrungen Sie sammeln!

Unser Ziel ist aber nicht, so viele Frauen wie nur möglich zu erobern, und deshalb bitte ich Sie, sobald Sie eine Freundin gefunden haben, sofort mit den Übungen aufzuhören.

□ **Sie können es!**

* * *

FRAU, EIN UNBEKANNTES WESEN?

□ **Alles wird gut!**

Fragen wir uns, was wir über Frauen wissen:

- jede Menge?
- viel?
- nicht so viel?
- wenig?
- noch weniger?
- gar nichts?

- Frauen sind anders als Männer. So weit so gut. Und weiter? Versuchen wir, uns in die Gedanken- und Gefühlswelt einer Frau hineinzudenken.
Frauen sind emotionaler und handeln mehr aus dem Herz und Gefühl, aber sie sind deshalb auf keinen Fall weniger intelligent!

□ **Machen Sie nie den Fehler, eine Frau zu unterschätzen oder für dumm zu halten.**

Ich kenne viele Männer, die deswegen unsanft auf die Nase gefallen sind.

- Frauen haben im Lauf der Zeit viele, sehr wirksame Schutzreaktionen entwickelt. Wenn wir diese Schutzreaktionen erkennen und verstehen, dann sehen wir Frauen in einem ganz anderen, positiven Licht.

- Frauen haben berechtigte Angst, daß wir uns für sie nur wegen ihres Körpers (sprich: Sex) interessieren.
Tun Sie das nicht!
Frauen haben viel mehr zu bieten als nur Sex. Das wird sowieso zur richtigen Zeit kommen, nur keine Eile.
Es ist viel schöner und ehrlicher, wenn das spontan passiert. Sex wird Ihnen dann wie eine wunderschöne, reife Frucht, von selbst in Ihren Schoß fallen.

Es liegt natürlich bei Ihnen und Ihrer Partnerin, zu entscheiden, wann die Frucht reif ist. Es kann ein paar Tage, Wochen oder manchmal sogar Monate dauern.

Seien Sie nicht ungeduldig.

□ **Alles was Sie brauchen, um eine Frau erobern zu können, ist etwas Mut und ein bißchen Verständnis für das Wesen einer Frau.**

□ **Sie können es!**

Hier ist ein kurzer Überblick welche Eigenschaften und Charakterzüge Sie besitzen bzw. entwickeln sollen, um bei Frauen Erfolg zu haben (die Reihenfolge unterscheidet sich natürlich von Frau zu Frau):

□ **treu zu sein** - die wichtigste Eigenschaft für die meisten Frauen. Für viele Frauen, steht es an erster Stelle.

□ **humorvoll zu sein** - ist absolut wichtig! Frauen lieben besonders Männer mit Humor.
Viele Männer unterschätzen leider die Bedeutung des Humors oder haben Angst, ihn bei Frauen einzusetzen, weil sie unbedingt seriös und männlich wirken wollen.
Vielleicht wissen sie nicht, daß man Seriosität nicht erzwingen kann. Sie kommt allein durch Lebenserfahrung.
Haben Sie keine Angst vor Humor.
Wenn Sie komisch oder sogar ein bißchen albern sind, heißt das nicht gleich, daß Sie ein Narr sind!

□ **ehrlich zu sein** - zählt immer. Auch von sehr großer Wichtigkeit.

□ **selbstbewußt zu sein** - eine normale, gesunde Sicherheit wird vielen Frauen imponieren, aber verstehen Sie das bitte nicht in übertriebenem Sinne. Benehmen Sie sich nicht wie ein Macho, der aus lauter Einbildung, wie ein Luftballon zu platzen droht. Bewegen Sie sich sicher und versuchen Sie sportlich zu wirken.

Machen Sie den Eindruck, daß Sie genau wissen, was Sie tun und was Sie wollen.
Wissen Sie, wo der Unterschied zwischen einem erfolgreichen Menschen und einem Verlierer liegt? Nur in dem Grad ihres Selbstbewußtseins.

□ **richtig zuhören zu können** - ist eine kleine Kunst, die Sie beherrschen sollen. Hören Sie Ihrer Gesprächspartnerin gut und sehr aufmerksam zu. Ein guter Zuhörer kann bei Frauen wahre Wunder hervorbringen!

□ **manchmal auch traurig zu sein** - Frauen sind sehr gefühls- und mitleidsvoll, was Sie nutzen können, aber auf keinen Fall ausnutzen oder mißbrauchen sollen!

□ **romantisch zu sein** - glauben Sie an große romantische Liebe. Die gibt es wirklich!
Ein paar Blumen, ein romantisches Gedicht geflüstert im Vollmondlicht ... oder ein schöner Liebesbrief, und die Frau ist auf dem sicheren Weg, sich in Sie zu verlieben.

□ **vertrauenswürdig zu sein** - sprechen Sie ruhig und in vertrauensvollem Tonfall. Ihre Gesprächspartnerin soll gleich registrieren, daß Sie eine vertrauensvolle Person sind.
Passen Sie gleichzeitig auf, wem Sie Ihr Vertrauen schenken! Das kann Ihnen später viel Enttäuschung ersparen. Bertreiben Sie keinen Tratsch.

□ **zuverlässig zu sein** - stehen Sie zu dem, was Sie sagen und tun. Versuchen Sie, Ihr Wort immer zu halten. Geben Sie keine leeren Versprechungen!

□ **interessant zu sein** - viele Frauen vertreten die folgende Meinung: „Es ist besser einen etwas psychisch „gestörten", aber interessanten Mann kennenzulernen und mir ihm zusammenzusein, als mit einem gesunden aber langweiligen Bodybilder!" Denken Sie über diese Aussage nach. Jede Ihre Geschichte sollte voller Spannung sein.
Seien Sie selbst davon begeistert und überzeugt, was Sie erzählen.

Nur so können Sie Ihre Gesprächspartnerin auch begeistern! Erzählen Sie nicht schon am Anfang, alles über sich selbst, behalten Sie ein paar Geheimnisse für später. So können Sie bei der Frau, die Sie erobern wollen, mehr Interesse erwecken. Lassen Sie die Dame zuerst über sich selbst und ihr Leben reden.

□ **ein Mann zu sein (bitte nicht verwechseln mit Macho)** - seien Sie ein ganzer Kerl und keine Mimose! Frauen lieben Männer, wußten Sie das nicht?

□ **sich trauen Komplimente zu machen** - machen Sie Komplimente immer und immer wieder! Zeigen Sie ständig Ihre Bewunderung!
Durch Komplimente und unerschütterliche Bewunderung wird sich jede Frau zu Ihnen hingezogen fühlen.
Nicht die Liebe ist die stärkste Kraft in Universum sondern die Kraft der Worte. Durch die Worte kann man Liebe erschaffen und sie aber auch schnell zerstören!
Jeder von uns hat sicherlich schon erlebt, welche starke, ja fast magische, berauschende Kraft Worte ausüben können. Worte können Brücken bauen, nutzen Sie sie.
Jeder Mensch braucht die Wertschätzung seiner Persönlichkeit und die Anerkennung seiner Leistung. Wann immer Sie eine nette Bemerkung und ein ehrliches Kompliment in ein Gespräch mit einer Frau „einbauen" können, erhöhen Sie ihr Selbstvertrauen und das wird Ihnen helfen das Gespräch erfolgreicher weiterzuführen.

Kommen wir zu der körperlichen Erscheinung zurück.

- Es ist wahr, daß Frauen bei der ersten Begegnung mit einem Mann, zuerst in seine Augen und Gesicht schauen, dann auf seine Hände und den berühmten Po, aber wenn Sie ein paar von den schon genannten Eigenschaften besitzen, oder auf dem Weg sind solche zu entwickeln, rutscht Ihr Aussehen stark in den Hintergrund. Das heißt natürlich nicht, daß Sie mit schmutzigen Fingernägeln, wirren Harren oder einem üblen Mundgeruch herumlaufen sollen und sich dann auch noch wundern, wenn Sie keinen Erfolg bei Frauen haben.

- Es ist auch wahr, daß große Männer mehr Chancen haben, aber nur am Anfang, und das ist alles - sie haben nur mehr Chancen nichts mehr.
Für kleine Männer (zu denen ich auch gehöre) ist das daher kein Grund zur Verzweiflung. Mit etwas mehr Mühe hat man den Ausgleich sehr schnell erreicht. Um es noch einmal zu sagen:

□ **Haben Sie keine Angst vor Frauen.**

□ **Frauen lieben Männer.**

□ **Frauen lieben mutige Männer.**

Frauen schminken sich für Männer, sie machen sich schön und attraktiv für Männer, sie genießen unsere Blicke (wenn die Blicke nicht zu aufdringlich und ordinär sind), sie reden mit anderen Frauen ständig über uns, sie möchten uns auch kennenlernen und mit uns zusammensein, genauso wie wir uns das wünschen.
Das ist die natürlichste Sache der Welt und ein starkes Gesetz der Natur. Selbstverständlich wissen wir das alles, aber wann haben Sie zuletzt darüber nachgedacht?
Warum nutzen Sie die Kräfte der Natur nicht? Kämpfen Sie nicht gegen die Natur, sondern lassen Sie sich von ihr führen.

□ **Frauen möchten angesprochen und erobert werden!**
(Immer wenn in diesem Buch von Frauen die Rede ist, dann ist es davon auszugehen, daß es sich hier nur um Frauen handelt, die keinen festen Partner haben!).

Es ist abzuraten von Frauen, die schon einen Mann oder Freund haben. Finger weg! Wo sich zwei lieben, ist kein Platz für einen Dritten.
Wenn eine Frau getrennt oder in Scheidung lebt, ist das etwas anders, obwohl auch in solchen Fällen Vorsicht angebracht ist.

□ **Frauen möchten vollkommen akzeptiert werden!**

□ **Frauen mögen starke Männer, aber keine Tyrannen.**

□ **Frauen sind schön und intelligent.**

□ **Frauen sind auf ihre Art sehr oft stärker als Männer.**

□ **Jede Frau ist anders. Stellen Sie sich darauf ein!**

Alles klar?

Wenn nein, dann lesen Sie bitte das Buch wieder von vorne und wenn ja, dann kann das größte Abenteuer Ihres Leben beginnen...!

□ **Sie können es!**

* * *

WIE FINDE ICH EINE FREUNDIN IN 14 TAGEN?

Einmal war ich hinter einer Frau fast ein Jahr her, und was habe ich davon gehabt?
Nicht viel.
Unsere Beziehung war von kurzer Dauer und ohne Leidenschaft. Das Resultat meiner Bemühungen war eine kurze Beziehung ohne Leidenschaft, da ich um sie zu erobern schon viel zu viel Energie verloren hatte und meine Erwartungen waren wahrscheinlich zu groß, als daß sie sich dann auch hätten erfüllen können.

Möchten Sie auch so eine Erfahrung machen?
Das glaube ich nicht.
Was Sie brauchen, ist ein schneller Erfolg, je schneller, desto besser, damit Sie Ihr Selbstvertrauen aufbauen können.
Sie brauchen dringend ein Erfolgserlebnis.

Warum in 14 Tagen, wird vielleicht jemand fragen, und Ich sage es Ihnen warum: Die Zeit, eine Freundin zu finden, ist gekommen. Das wissen Sie besser als ich, oder?

Wie lange möchten Sie sonst noch warten?

Ein oder zwei Monate?

Sechs Monate?

Länger?

Ein Jahr?

Wenn ja, dann brauchen Sie dieses Buch nicht, und ich glaube, daß Sie in Wirklichkeit keine Freundin finden wollen. Treffen Sie jetzt eine Entscheidung und Sie werden sehr bald nicht mehr allein sein. Überprüfen Sie noch einmal Ihre Motivation. Es soll tatsächlich Leute geben, die lieber verrückt werden oder einen Nervenzusammenbruch bekommen wollen, als die Kontrolle über ihr Leben selbst in die Hand zu nehmen.

Sie werden in den nächsten 14 Tagen durch Feuer gehen müssen und dafür werden Sie ein für alle Male Ihre Ängste, Blockaden und Komplexe gegenüber Frauen stark abbauen , und später auch ganz verlieren!

Das ist natürlich nur möglich, indem man viele Erfahrungen in kurzer Zeit macht. 14 Tage ist eine realistische, und vor allem nicht zu lange Zeit, Ihr Ziel zu erreichen.
Die Gefahr vorzeitig aufzugeben, ist geringer.
Stehen Sie diese 14 Tage durch und beurteilen Sie dieses Buch dann anhand der Ergebnisse, die Sie erzielt haben.

Das Ganze besteht nur aus drei Schritten:

- **eine Frau kennenlernen**

- **sie erobern (verführen) und**

- **sie behalten**

Wo kann man eine Frau kennenlernen? Die Antwort ist sehr einfach und sie lautet: **ÜBERALL !!!**

Viele Männer denken, daß man Frauen nur in Diskotheken oder auf Partys, in Bars oder am Strand ansprechen sollte, was natürlich falsch ist. Das stimmt einfach nicht.
Viel besser ist es, spontan zu denken und zu handeln und zum Beispiel Frauen auch anderswo kennenzulernen wie z.B. auf der Arbeit oder in der Schule, auf der Straße, in Kaufhäusern, Apotheken, Cafés, Museen, bei den verschiedensten Behörden und Ämtern, in Bussen und U-Bahnen, in Arztpraxen, Kinos und Theatern, in Supermärkten und verschiedenen Geschäften usw.
Ich rate Ihnen ausdrücklich von Kontaktanzeigen ab, ganz gleich ob in der Lokal oder Regionalzeitung inseriert wird, im Internet oder Teletext oder sonst noch irgendwo.
Abgesehen davon, daß es, wenn überhaupt, sehr lange dauert, dort jemanden kennenzulernen und daß die männliche Konkurrenz viel zu stark für Anfänger ist, die Auswahl der Damen ist nicht gerade die erste Klasse.

Es gibt Männer, die bereit sind, eine Frau anzusprechen erst nachdem sie mit ihr geflirtet haben, aber was sollen die Männer machen, mit denen Frauen selten oder gar nicht flirten? Entweder ein paar Jahre warten und vielleicht passiert was, oder sie unternehmen selbst etwas.

Beginnen wir jetzt mit der Praxis:

Der erste Tag - Montag

□ **Alles wird gut!**

- Die schwierigsten Übungen kommen gleich am Anfang.
Denken Sie immer daran: Sie haben nichts zu verlieren!
Haben Sie schon mal etwas in Ihrem Leben von ganzem Herzen gewollt? Gleich nach dem Aufwachen wiederholen Sie laut und deutlich:

□ **Ich will eine Freundin finden!** (und Sie sollten es wirklich wollen, das hier ist kein Spiel mehr!) Von diesem Moment an, mehr bleibt Ihnen nicht, konzentrieren Sie sich nur noch auf dieses Ziel.

□ **Ich gebe nicht auf!** Wahrscheinlich sind Sie auch von der Sicherheit allmählich müde, von jedem Tag schon im voraus zu wissen, wie er ablaufen wird.
In den nächsten Tagen werden Sie im Gegenteil das köstliche Gefühl des Geheimnisvollen erleben dürfen. Alles, was Sie sich in den nächsten Tagen vornehmen, können Sie auch ausführen.

□ **Männer sind in viel besserer Lage als Frauen.** Männer sind in der Lage, aktiv und wählerisch zu sein, während die meisten Frauen warten müssen, bis ihr „Prinz" irgendwann auftaucht.
Denken Sie immer daran, daß Sie die Wahl haben und nicht die Frauen, die Sie heute und in den nächsten Tagen ansprechen werden! Fragen Sie sich, was das Schlimmste wäre, was Ihnen passieren könnte. Machen Sie sich klar, daß die Angst vor Versagen, die Angst vor Mißbilligung und Spott von den anderen Sie blokkiert hat.

Nun, es gibt keine anderen, die wissen, was Sie gerade tun, und wenn schon, Sie leben Ihr Leben nach Ihren Maßstäben und nicht nach den Maßstäben der anderen.
Die Wahl liegt bei Ihnen.

- Auf dem Weg zur Arbeit (oder Schule) wiederholen Sie diese Gedanken noch einmal. Ab heute beginnt ein neues Leben für Sie und nichts weniger als das!

- Nehmen Sie nach der Arbeit oder Schule einen Notizblock, einen Kugelschreiber und eventuell einen kleinen Stadtplan und begeben Sie sich auf die Suche nach einem Visitenkartenautomat. Fahren Sie wenn möglich mit öffentlichen Verkehrsmitteln oder gehen Sie zu Fuß und lassen Sie Ihr Auto (falls Sie eins haben) zu Hause (dies gilt für alle 14 Tage, außer wenn Sie abends ausgehen wollen).
Sprechen Sie unterwegs **mindestens 10 Frauen** mit der Frage an, ob sie wissen, wo man so einen Visitenkartenautomat finden könnte, oder der Frage nach einer bestimmten Straße, Schule, Behörde oder einem Postamt, die sich nach dem Stadtplan, tatsächlich irgendwo in der Nähe befinden sollten. (Wenn Sie in einem Dorf leben, fahren Sie bitte zu der nächsten kleineren oder größeren Stadt, wo Sie diese und alle andere Übungen in den nächsten 14 Tagen durchführen können).
Alles, was Sie heute und in den nächsten Tagen machen werden, brauchen Sie niemandem zu erzählen.
Also schämen Sie sich nicht.
Wenn Sie Angst haben, fremde Frauen anzusprechen, noch besser, sehen Sie Ihrer Furcht direkt ins Auge! Die Handlungen, die Sie ab jetzt unternehmen werden, werden Sie zu Ihrem ersehnten Ziel bringen.
Es ist sehr spannend.
<u>Diese Spannung können Sie selbst erleben anstatt sie in Filmen oder Büchern zu suchen.</u>

Versuchen Sie, die angesprochenen Frauen nicht zu lange zu verfolgen oder anzustarren, bevor Sie sie ansprechen. Tun Sie das auf keinen Fall in einer dunklen oder menschenleeren Straße! Suchen Sie sich nur Straßen aus, wo viele Leute unterwegs sind.

Achten Sie darauf wie Sie laufen, nicht zu schnell oder hektisch. Sind Sie selbstsicher oder sind Ihre Knie in solchen Situationen weich?
Wo empfinden Sie Ihren „Schwerpunkt", im Kopf, in der Brust, im Bauch, im Rücken, im Gesäß oder in den Beinen?
Konzentrieren Sie sich auf den Bauch und atmen Sie langsam und tief.
Es mag widersprüchlich klingen, aber eine Frau auf offener Straße anzusprechen ist sehr leicht und gleichzeitig sehr schwierig.
Warum das so ist, werden Sie selbst sehr schnell herausfinden können.
Auf jeden Fall, sollen Sie Frauen keinen Schrecken einjagen.

An meine erste Erfahrung solcher Art kann ich mich im Zusammenhang mit meinem damaligen Nachbarn erinnern:

Ich war damals etwa zwölf und er vielleicht sechzehn oder siebzehn Jahre alt. Wir unterhielten uns eines Tages auf der Straße, als er mich plötzlich unter dem Arm packte und sagte: ***„Komm mit! Schnell!"***
Ziemlich verwirrt folgte ich ihm und fragte ihn nach einer Erklärung, aber er antwortete nicht.
Bald merkte ich, daß wir einer jungen schönen Frau nachliefen, die ich vom Sehen schon kannte (sie wohnte auch in unserer Gegend).
In etwa zwei Minuten hatten wir sie eingeholt.
Ich war vom schnellen Gehen außer Atem und schwitzte wie verrückt. Und natürlich war ich neugierig zu sehen, was jetzt folgen wird.

Das Ganze verlief einfach und schnell:
„Entschuldige, kann ich dich bitte kurz sprechen?" fragte er sie, auch ein wenig außer Atem, und fuhr dann schnell fort: ***„das ist ..."*** jetzt stellte er meine Kleinigkeit vor (er wollte offensichtlich nicht, daß sie einen Schreck bekommt und deshalb wollte er, daß ich mitkomme) ***„und mein Name ist...***
Ich habe dich so oft gesehen, hier bei uns in der Gegend, und dachte ich mir..., vielleicht könnten wir uns ein bißchen besser kennenlernen und so..."

Die junge Frau schaute mich kurz an, verlangsamte ihr Schritt, und warf ihm ein wunderschönes Lächeln (das ich nie vergessen werde) zu.
Dann sagte sie etwas traurig und kein bißchen verwirrt: ***„Ich bin verheiratet... es tut mir leid.“***

Mein Nachbar entschuldigte sich höflich, plauderte mit ihr noch eine Weile über belanglose Sachen und sie ging dann fort.
In diesem Moment war er in meinen Augen der Größte.
Sein einfaches, aber sehr taktisches Vorgehen hatte mich sehr beeindruckt und viel dazu beigebracht, daß ich später meine Angst vor Frauen verloren habe.
Damals (und viele Jahre danach) traute ich mich nicht, einfach so und vor allem so direkt Frauen anzusprechen.

Kommen wir jetzt zu unserer Übung zurück.

- Die angesprochenen Frauen sollen Ihrem Frauentyp entsprechen. Versuchen Sie, bestimmt aufzutreten und Ihre Frage deutlich und sachlich zu stellen.
Wahrscheinlich werden Sie überrascht sein, zu erfahren, wie viele Frauen bei so einer „normalen“, kleinen, spontanen Begegnung bereit sind, ein bißchen mit Ihnen zu flirten.

- Sprechen Sie jetzt die erste Frau an, egal ob Sie Herzklopfen haben oder nervös sind. Sie brauchen nicht etwas Großartiges zu sagen. Versuchen Sie, die Frau nicht anzumachen. Stellen Sie nur eine kurze Frage und halten Sie den entfalteten Stadtplan in den Händen.

- Prägen Sie sich ihr Gesicht und Aussehen gut ein. Es ist außerordentlich wichtig, die ganze Situation bewußt zu erleben.
Der gegenwärtige Augenblick, dieser flüchtiger Moment in dem Sie leben, ist am schönsten, wenn Sie ihn immer wieder bewußt erleben. Selbst jetzt, während Sie diesen Text hier lesen, können Sie versuchen bewußt zu handeln. Es geht, nicht war?

- Suchen Sie nach einem **kurzen Blickkontakt**, aber bleiben Sie sachlich.

Die angesprochene Frau soll nicht denken, daß Sie etwas anderes als nur eine Information von ihr wollen (was auch stimmt).
Sie brauchen von ihr **wirklich** nur eine Information und nichts anderes!
Achten Sie bitte aber natürlich auch darauf, daß vor Ihnen ein Lebewesen steht und daß Sie die Frau nicht wie ein Objekt Ihrer Übung sehen dürfen!
Jede Begegnung mit einem anderen Menschen (kurz oder lang) ist ein Energieaustausch auf beiden Seiten.
Wir alle erzeugen zwei Arten von Kommunikation, eine innere und eine äußere Kommunikation. Beide haben eine starke Wirkung auf uns selbst und andere. Sie dürfen andere (in diesem Fall die Frau, die Sie angesprochen haben) nicht mental (innere Kommunikation) mit Ihren eventuell negativen Gedanken verletzen (indem Sie sie nur zu einem Objekt Ihrer Übung herabsetzen), weil Sie sonst gar nicht gut bei ihr ankommen werden. Viele Frauen können das unbewußt sehr stark spüren.
Es ist wichtig, das gleich am Anfang zu verstehen, weil es leider immer wieder Männer gibt, die Frauen auf falsche Art ansprechen und nicht selten sie dabei auch beleidigen oder auslachen, was die betreffenden Frauen natürlich verletzt und ärgert.
Unter diesem schlechten Ruf haben dann auch andere Männer zu leiden. Frauen mit solchen schlechten Erfahrungen, sind verständlicherweise sehr mißtrauisch. Andere Männer haben es dann sehr schwer in Kontakt und ins Gespräch mit ihnen zu kommen, ohne eigene Schuld, was natürlich schade ist.
Denken Sie bitte daran, daß diese Übung nicht nur eine Übung, sondern auch schon ein Teil Ihrer Partnersuche ist.
Sobald Sie eine Freundin gefunden haben, ist die Partnersuche, und somit auch alle Ihre Übungen sofort zu Ende! Es ist natürlich nicht fair gegenüber Ihrer neuen Freundin, wenn Sie die Übungen einfach fortsetzen, trotz der neuen Beziehung. Das macht man nicht.

Jetzt zurück zur Praxis:

- Achten Sie zuerst auf Ihre eigenen, inneren Reaktionen, Herzklopfen, feuchte oder zitterige Hände, Frosch im Hals, Schwindelgefühle usw.

Achten Sie danach auch auf die Reaktionen der angesprochenen Frau (zum Beispiel, ob sie lächelt und Sie mit Interesse oder Langweile anschaut. Achten Sie auf ihre Haltung, Mimik, Gestik, den Abstand und Tonfall),oder wenn möglich auf beide Reaktionen gleichzeitig.
Ich weiß, daß das nicht einfach ist, aber versuchen Sie es. Je mehr Sie sich konzentrieren, desto mehr werden Sie ruhiger sein.

- Nachdem Sie eine Antwort auf Ihre Frage bekommen haben, bedanken Sie sich höflich mit einem Lächeln und gehen Sie sofort weiter, es sei denn die Frau möchte sich mit Ihnen weiter unterhalten (diese Möglichkeit ist sehr unwahrscheinlich) und fragt Sie zum Beispiel, ob sie Ihnen weiter helfen kann.

- Nach dieser kurzen Begegnung nehmen Sie sich ein bißchen Zeit und schreiben Sie ein paar Bemerkungen in den Notizblock auf. Wie haben Sie sich genau gefühlt bevor Sie die Frau angesprochen haben?

Wie haben Sie sich während des kurzen Gesprächs gefühlt?

Wie fühlen Sie sich jetzt?

Haben Sie Angst gehabt oder war es Ihnen egal?

Nach welchen Kriterien haben Sie die Frau ausgesucht?

Hat die Frau Ihren kurzen Blick erwidert oder ihn vermieden?

Wie hat sie auf Ihr Lächeln reagiert?

Gehen Sie die Fragen durch und prüfen Sie sich selbst und die Art, wie Sie die letzte Übung empfunden haben.
Wenn Sie diese Fragen nicht beantworten können, dann waren Sie heute bei Ihrem ersten Gespräch nicht genug oder gar nicht konzentriert.
Schade. Bei nächstem Mal wird es bestimmt besser sein.
Tut es Ihnen leid, daß die Dame weggegangen ist, ohne daß Sie sie kennengelernt haben?

Hätten Sie sie gern kennengelernt?

Warum haben Sie ihr dann das auch nicht gesagt?

Das stand nicht im Buch?

Was ist mit Ihrer eigenen Initiative?

Wenn Sie jetzt kurz auf Ihr Leben zurückschauen, werden Sie bestimmt entdecken, daß Sie nicht viel zu bereuen haben, was Sie getan haben. Was Sie nicht getan haben, quält Sie viel mehr! Daraus können Sie nur eine Lehre ziehen: Tun Sie es in Zukunft!
Nächstes Mal, wenn Sie fühlen, daß Sie eine Frau unbedingt kennenlernen wollen, dann tun Sie das!

Sie entscheiden selbst über ihr Leben und Ihre Welt.
Sagen Sie einfach: ***Ich möchte Sie*** (oder **dich** wenn die Frau jünger ist) ***so gern kennenlernen.***
Ist das schwer zu sagen? Haben Sie Angst vor Versagen? Was bedeutet Versagen für Sie?
Wenn Sie so etwas Einfaches, Ehrliches und völlig Normales über die Lippen bekommen, dann haben Sie gewonnen, egal ob Sie die Frau wirklich kennengelernt haben oder nicht!

□ Sie können es!

Die Angst, abgelehnt zu werden, ist tief verbunden mit unserem Mangel an Selbstsicherheit, wobei abgelehnt zu werden gar nicht so schlimm ist.
Ich kenne keinen Mann, der in seinem Leben keinen Korb (oder mehrere) bekommen hat, Sie vielleicht?

Für viele Ablehnungen gibt es wahrscheinlich tausend verschiedene Gründe, von denen keiner Sie persönlich betrifft. Warum sich dann weiter darum kümmern?
Bedenken Sie, wie verrückt das ist.
Angst hindert uns frei zu sein.
Das Schlimme ist, wenn man versucht, sie zu unterdrücken, wird sie noch stärker. Sie wächst, sie hält an.

Das Gute ist, wenn man sie erkennt und akzeptiert, dann ist die Reaktion gebannt!

Wenn Sie nur etwas nervös sind, dann können Sie so tun, als ob Sie gar nicht nervös sind und wenn Sie das ein paar Minuten aushalten können, werden Sie sehr bald viel sicherer.

Wenn Sie aber sehr viel Angst haben und ihre volle Wirkung (Nervosität und Unsicherheit) spüren, dann ist es zu empfehlen, die Flucht nach vorne zu unternehmen. Das heißt, Sie geben Ihre Angst einfach zu!
Dadurch werden Sie sich sofort besser fühlen und die Angst macht Ihnen nicht mehr viel aus, bis sie gänzlich verschwindet.
Es ist vielleicht nicht so leicht daran zu glauben, aber in der Praxis habe ich immer wieder erfahren, daß viele Frauen denjenigen bewundern, der sich leisten kann, eine Schwäche, einen Fehler oder Unsicherheit (Angst) zuzugeben.
Viele Männer haben einfach Angst, sich zu blamieren.
Dagegen gibt es eine sehr wirkungsvolle Technik: Man blamiert sich bewußt und sehr oft so weit, bis man erkannt hat, daß es so etwas wie Blamage oder Versagen überhaupt nicht gibt.
Sie können sich bewußt in die Situationen begeben, die mit Mißbilligungen anderer verbunden sind, und an sich arbeiten, damit klar zu kommen.
Wenn so was später wieder vorkommt werden Sie nicht so leicht - wenn überhaupt- aus dem Gleichgewicht geraten. Mißbilligung ertragen zu können, ohne darunter zusammenzubrechen ist der schnellste Weg zu Ihrer persönlichen Freiheit.

Ihre negativen Gedanken, wie zum Beispiel „ich bin schüchtern" versuchen Sie in „bis jetzt habe ich mich nur schüchtern verhalten" umzuändern und Ihr Verhalten können Sie jederzeit andern, oder?

Gut, Sie möchten vielleicht wirklich eine „richtige" Technik und eine komplizierte Anmache lernen? Warum einfach, wenn es auch kompliziert geht? Lesen Sie dieses Buch weiter und lernen Sie auch komplizierte Vorgehensweisen, aber machen Sie auf jedem Fall diese erste einfache Übung weiter.

- Sprechen Sie die nächste Frau an, notieren Sie sorgfältig auch diese Begegnung und beantworten Sie die Fragen von vorher wieder.
Dies dürfte schon leichter sein, was uns zeigt, daß Sie sich jetzt (vielleicht nur nach zehn Minuten) besser konzentrieren können!

Benutzen Sie die Fragen um sich selbst besser kennenzulernen und um Ihr Verhalten besser abschätzen zu können.

Was ist der Zweck dieser einfachen Übung?
Der ist auch einfach: Die Angst, eine fremde Frau anzusprechen (spontan und ohne große Überlegung) wird allmählich abgebaut und ein sicheres Auftreten wird sich nach einer gewissen Zeit von selbst einstellen.

Durch Wiederholungen werden Sie immer sicherer werden.
Dafür müßten Sie natürlich weitermachen.

Ich wiederhole es gern noch einmal: Wenn Ihnen eine angesprochene Frau wirklich auf den ersten Blick gefällt und Sie sie unbedingt kennenlernen wollen, dann **sagen Sie ihr das!!**

Frauen glauben an romantische Liebe und zufällige Begegnungen! Versuchen Sie an solche Sachen auch zu glauben!

Zum Beispiel, wissen Sie, wie ich meine jetzige Freundin kennengelernt habe? Nein? Dann hören Sie genau zu:

♣ Eines Freitags, als ich gerade in ein Abteil der U-Bahn einsteigen wollte, erblickte ich sie in einem anderen Abteil. Ihr wunderschönes rotes Haar zog mich magnetisch an. Ich wechselte schnell die Richtung, stieg in ihr Abteil ein und setzte mich ihr gegenüber. Sie saß graziös auf ihrem Sitz und las ruhig ein Buch. In ihrer engen Bermudahose sah sie umwerfend aus.
Die U-Bahn fuhr los, und da ich nur zwei Stationen fahren wollte, wußte ich, daß ich nicht viel Zeit (genauer gesagt nur vier Minuten) für einen großen und aufwendigen Auftritt hatte.
„Entschuldigung, ist das nicht ein Buch von Freitag (ein bekannter esoterischer Autor und Hypnosetherapeut)? fragte ich.

„Ja ‚so ist es", antwortete sie und schaute auf.
„Was für ein Zufall! Ich habe fast alle seine Bücher gelesen. Und das ich jetzt auch eines seiner Bücher in Ihren Händen sehe!"
„Na, so was passiert..." antwortete sie bereitwillig und ich konnte buchstäblich auf der Haut spüren, daß sie Interesse hatte, sich mit mir weiter zu unterhalten (den Grund dafür habe ich erst viel später erfahren).
„Darf ich das Buch kurz sehen?"
„Warum nicht?" antwortete sie ruhig, gab mir das Buch und machte fast unauffällig Ihr Haar zurecht. Meine geübten Augen registrierten diese Bewegung sofort.
Ich blätterte im Buch und überlegte hastig, was ich noch schnell sagen konnte. Bei so wenig Zeit, darf die Schweigepause nicht zu lange dauern. Die nächste U-Bahnstation war schon vorbei. Ich wußte, daß ich schnell handeln mußte, aber die Zeit noch etwas „Großartiges" zu sagen oder mir noch etwas anderes auszudenken war einfach nicht da.
„Komisch," sagte ich ***„wir reden über diesen Autor, der Freitag heißt und heute ist auch Freitag."***
Ich gab ihr das Buch zurück und fluchte innerlich, daß mir außer diesem dummen Satz nichts anderes eingefallen war.
„Ja", sagte sie und lächelte höflich in der Erwartung, daß ich noch etwas sage.
Mir fiel aber nichts mehr ein.
Dann sagte ich ihr in einem Atemzug einfach die Wahrheit:
„Hören Sie, ich würde Sie so gern kennenlernen und mich mit Ihnen weiter unterhalten, und zwar nicht nur wegen des Buches, aber in etwa dreißig Sekunden muß ich aussteigen. Darf ich Sie zu einem Drink einladen? Hätten Sie vielleicht noch etwas Zeit?"
„Nein leider nicht", sagte sie leise ***„ich treffe mich noch mit meiner Schwester. Sie ist bei unserer Friseurin und wartet auf mich... leider kann ich nicht."***
„Dann geben Sie mir wenigstens Ihre Telefonnummer und ich rufe Sie einfach an", sagte ich und stand auf. Die U-Bahn hielt schon an. Die zweite Station war schon da. Ich überlegte schnell, ob ich weiterfahren sollte, entschied mich aber dagegen. Alles was ich zu sagen hatte, habe ich gesagt.

„Das kann ich auch nicht", sagte sie leise, während ein kleines Lächeln ihre Lippen umspielte ***„aber ich gebe Ihnen meine Telefonnummer auf der Arbeit!"***
Sie gab mir noch schnell ihre Telefonnummer, und es gelang mir noch rechtzeitig auszusteigen. Die U-Bahn fuhr sofort weiter.

Am nächsten Tag habe ich sie ziemlich früh, um etwa sieben Uhr dreißig, angerufen und mit ihr ein bißchen geplaudert. Den Tag danach auch. Dann bekam ich auch ihre private Telefonnummer. Eine ganze Woche lang habe ich sie noch jeden Tag anrufen müssen (wir haben stundenlang miteinander geredet) bis sie sich bereit erklärt hatte, mit mir auszugehen. Damit war die Sache fast gelaufen.

Viel später hat sie mir erzählt, was das Geheimnis meines relativ schnellen Erfolges war (obwohl ich mit Frauen, die Bücher in U-Bahn lasen, auch früher sehr gute Resultate erzielt und viele schöne Erfahrungen gehabt hatte).
Sie gab mir zu, daß sie schon immer darüber phantasiert hatte, wie schön es wäre, einen Mann in U-Bahn kennenzulernen! Sie hatte das auch immer ihrer Schwester erzählt und sich auch öfter darüber beschwert, daß es keine Männer gibt, die sich trauen sie in der U-Bahn anzusprechen!

Frauen phantasieren sehr oft über eine romantische und spontane Bekanntschaft (und warum auch nicht, es gibt bestimmt viele Männer, die dies auch tun) und das ist gut zu wissen, bevor man eine Frau anspricht.

Wenn eine Frau in U-Bahn oder Bus ein Buch liest, fragen Sie sie einfach, was sie für ein Buch liest und ob das Buch gut oder nicht so gut ist. Mit Erstaunen werden Sie feststellen, wie leicht es ist, auf diese Art ein Gespräch anzufangen.

Vorsicht bei den Frauen, die an Stränden oder in Parks etwas lesen (es muß nicht immer ein Buch sein)! An solchen Plätzen sind Frauen nicht so offen, wie in öffentlichen Verkehrsmitteln, wo das Ganze sehr spontan und aufregend wirkt, sondern eher im Gegenteil, dann wollen Sie nur ihre Ruhe haben.

Wenn eine schöne Frau in (U-Bahn oder Bus) gegenüber oder neben Ihnen sitzt, sagen Sie ihr z.B. so etwas: **Entschuldigung, die Uhr (Tasche, Ohrringe, Ring usw.) die Sie tragen ist so wunderschön, wo haben Sie sie gekauft? Meine Schwester (Cousine, Arbeitskollegin usw.) hat bald Geburtstag und so etwas Schönes wäre vielleicht etwas für sie.**
Es wird nicht lange dauern und Sie werden leicht feststellen, ob die angesprochene Frau Interesse hat oder nicht, sich mit Ihnen weiter zu unterhalten. Und wenn nicht, dann haben Sie auch nichts verloren, da Sie gar nicht versucht haben, sie anzumachen.
Sehr einfach nicht wahr?
Erst wenn Sie merken, daß sie auch interessiert ist, dann können Sie zuschlagen mit der Frage nach ihrer Telefonnummer oder mit der Einladung zu einem Drink.

Wenn Sie Frauen nicht ansprechen, werden Sie nie erfahren, ob Sie bei ihnen eine Chance hätten.
Vergeuden Sie Ihre Zeit nicht mit dem Warten auf irgendeine richtige Gelegenheit. Die wird vielleicht nie kommen. Die Zeit vergeht, ohne auf Sie zu warten.

Selbst wenn Sie sich verschätzt haben sollten, und die Dame Ihre Einladung zu einem Drink, zu einem Abendessen oder zu einem gemeinsamen Kinobesuch ablehnt, wenn Sie höflich und ruhig bleiben, wird ihr (und auch Ihnen selbst, trotz der Ablehnung!) so eine Begegnung in angenehmer Erinnerung bleiben.
Die Dame wird sich danach, wohl und glücklich fühlen und sich darüber freuen, daß sie jemand mit genug Mut (und Stil) endlich angesprochen hatte!

Es gibt viele Männer, die Angst vor Frauen, bzw. die Angst abgelehnt zu werden haben, aber sie würden das nie zugeben oder was noch schlimmer wäre, sie wissen vielleicht gar nicht wovor sie Angst haben.

Gehören Sie auch dazu?

Haben Sie bei der heutigen Übung vielleicht bemerkt, daß Frauen auch „normale“ Menschen sind?

Denken Sie nur an Ihre Schwester oder Cousine, an Ihre Schul- oder Arbeitskolleginnen mit denen Sie ständig Kontakt haben. Frauen, die Sie auf der Straße, in Kaufhäusern oder Cafés jeden Tag sehen, sind genauso Schwestern und Arbeitskolleginnen von jemandem. Es gibt wirklich keinen Grund vor ihnen Angst zu haben. Sprechen Sie sie an und sie werden eine Freundin finden!

Das Kennenlernen ist der erste, der wichtigste und für viele leider auch der schwierigste Schritt beim Versuch, eine Freundin zu finden.
Vielen Frauen geht es da aber auch nicht viel besser!
Manchmal sind sie verwirrt oder sogar ängstlich, wenn man sie direkt anspricht.
Wenn Sie aber eine Frau ansprechen und ihr gestehen, daß Sie ihre Schönheit und Charme unwiderstehlich anziehen, wird sich die Dame automatisch geschmeichelt, selbstsicher und vor allem glücklich fühlen!
Also warum tun Sie das nicht?
Sprechen Sie Frauen an.
Tun Sie etwas Gutes für sich selbst und für Frauen.

□ **Sie können es!**

- Nachdem Sie 10 Frauen angesprochen (mit welchen Erfahrungen auch immer) und einen Visitenkartenautomat gefunden haben, machen Sie 100 Visitenkarten mit Ihrem Namen und Ihrer Telefonnummer (wenn möglich ohne Handynummer).
Auf den Visitenkarten sollte nichts anderes geschrieben stehen. Nur Ihr Nach- und Vorname und Ihre Telefonnummer.

- Auf dem Weg nach Hause sprechen Sie noch **mindestens 10 Frauen** an und die Frage kann gleich oder ähnlich sein.
Achten Sie noch mehr auf Ihre eigenen Reaktionen und auf die Reaktionen der angesprochenen Frauen.
Haben Sie sich zu den Frauen, die Sie angesprochen haben, angezogen gefühlt?
Wie ist es mit der Motivation weiterzumachen (morgen und übermorgen usw.)?
Ist sie noch stark genug?

Ist sie sogar noch stärker geworden? Wenn ja, dann sind Sie auf dem richtigen Weg, und wenn nein, überlegen Sie noch einmal ehrlich, ob Sie wirklich eine Freundin finden wollen.

- Später, vor dem Einschlafen visualisieren Sie alle heutige Begegnungen, an die Sie sich noch erinnern können.

Visualisieren heißt, jede heutige Aktion mit so vielen Details wie möglich richtig vor dem geistigen Auge sehen zu können und besonders diese, die für Sie am schwierigsten waren.
Trainieren Sie Ihr Gehirn, die Situationen von neuem zu erleben und sich an Ihr neues Verhalten und die Übungen zu gewöhnen.

□ **Prüfen Sie und stärken Sie ihre Motivation.**

* * *

Der zweite Tag - Dienstag

□ Alles wird gut!

- Normalerweise begegnen Sie jeden Tag auf dem Weg zur Arbeit (Schule) vielen Frauen, die Sie persönlich nicht kennen und mit denen Sie nie ein Wort gesprochen haben, obwohl Sie sie fast täglich sehen. Es ist an der Zeit, dies zu ändern.
Beginnen Sie ab heute diese Frauen mit einem freundlichen „guten Morgen“ und einem Lächeln zu begrüßen.

Wer keine Arbeit hat und nicht vormittags zu Arbeit oder Schule gehen muß, sollte trotzdem in den nächsten dreizehn Tagen jeden Vormittag mit öffentlichen Verkehrsmitteln fahren und sich die Frauen anschauen, die in der Zeit von 7 bis 9 Uhr unterwegs sind. Suchen Sie sich eine oder zwei Frauen aus, die Ihnen gefallen und begrüßen Sie sie heute.

Die Zeit von 7 bis 9 Uhr ist unglücklicherweise nicht so geeignet für irgendwelche große Eroberungsversuche, zumindest nicht für Anfänger, so daß Sie sich vorübergehend nur mit der Begrüßung zufrieden geben sollen.

Wenn Sie eine Frau, die Sie sonst nie begrüßt haben, heute morgen plötzlich begrüßen und ihr einen guten Morgen wünschen, so wird sie verständlicherweise sehr überrascht und mit großer Wahrscheinlichkeit sehr neugierig sein zu erfahren, was das bedeuten soll.
Machen Sie zuerst keinen Versuch, mit ihr ins Gespräch zu kommen!

Sie haben jetzt bei ihr ein bißchen Interesse erweckt und das wird Ihnen später beim Kennenlernen viel helfen.
Die Dame wird vielleicht denken, daß Sie sich geirrt haben oder sie mit einer anderen verwechselt haben, aber wenn Sie sie auch morgen und übermorgen begrüßen, wird ihr Interesse (bzw. ihre Neugier) noch stärker und größer werden.
Die Dame wird wahrscheinlich nicht schon heute zurückgrüßen, aber spätestens in der nächsten Woche.

Als ich diese Methode zum ersten Mal angewendet habe, hatte ich mit ein wenig Mut und Mühe schnell Erfolg gehabt. Damals war ich etwa 17 Jahre alt.
Ich hatte mir eine sehr schöne Frau aus der Nachbarschaft ausgesucht, die ich immer samstags in einem Lebensmittelgeschäft gesehen hatte und die mich wahrscheinlich nie in ihrem Leben bemerkt hätte, wenn ich nicht angefangen hätte, sie plötzlich zu begrüßen.

Ich hatte mit einem kleinen, schüchternen „guten Tag" und „Hallo" angefangen und ich habe sie dabei immer so angelächelt, als ob ich sie schon mein Leben lang kenne.
Ein paar Mal habe ich sie in dem Lebensmittelgeschäft auch an Werktagen gesehen und auch begrüßt, aber sie hatte mich jedes Mal nur komisch angesehen und nichts gesagt. Das störte mich aber nicht im Geringsten. Dann fand ich schnell heraus, wann und wohin sie jeden Tag zur Arbeit fuhr. Sie hatte zum Glück kein Auto, sondern fuhr immer mit dem Bus.
Als ich eines Tages „zufällig" neben ihr im Bus saß und sie wieder höflich und freundlich begrüßte, entstand „spontan" (auf meine Initiative natürlich) ein sehr interessantes Gespräch zwischen uns, zwei Menschen, die sich schon „lange kennen".
Durch die fast tägliche Begrüßung war ich kein fremder Mann mehr für sie und sie fühlte sich nicht bedrängt oder angequatscht.
Ich erfuhr bei der Gelegenheit, daß sie zur Zeit keinen Freund hatte, nachdem ich sie direkt danach gefragt hatte.
Beim nächsten „zufälligen Treffen" (wieder im Bus) lud ich sie schon zu einem Drink ein, was sie aber glatt ablehnte.
Ich gab natürlich nicht auf, sondern fragte sie beim nächsten Mal nach ihrer Telefonnummer, die sie mir aber auch nicht geben wollte.
Was hätten Sie an meiner Stelle getan?
Natürlich weitergemacht!
Ich lauerte ihr inzwischen fast jeden Tag auf und versuchte, bei jedem „zufälligen" Treffen sie noch mehr auszufragen und noch besser kennenzulernen.
Sie nahm das Spiel an, obwohl sie sich immer noch weigerte, mit mir auszugehen oder sonst noch etwas zu unternehmen (den Grund dafür habe ich wie immer erst später erfahren).

Ich gab ihr meine Telefonnummer und bat sie, mich anzurufen sobald sie etwas mehr Zeit für mich findet.

Eine Woche später rief sie mich tatsächlich an und gab zu, daß sie doch mit jemandem die ganze Zeit zusammen war und daß diese Beziehung erst jetzt wirklich beendet war. Dann wollte sie mit mir doch noch ausgehen!

Diese Methode hatte sich später immer wieder als gut erwiesen und sie hatte mir viel geholfen viele schöne Frauen kennenzulernen, mit ihnen auszugehen und eine Beziehung anzufangen, alles ohne Druck und ohne Streß.
Natürlich gab es nicht nur „Erfolge", aber mir war es immer einen Versuch wert, egal ob mit oder ohne Erfolg.
Die Zeitspanne von dem ersten „Hallo" bis zum ersten Ausgehen betrug eine bis höchstens acht Wochen.

- Die nächste Übung machen sie nach der Arbeit (wer nicht arbeitet kann gleich am Vormittag weitermachen).

- Gehen Sie in verschiedene Kaufhäuser, Geschäfte und Boutiquen, suchen Sie sich dort Verkäuferinnen aus, die Ihnen gefallen und achten Sie darauf, daß die ausgewählten Damen keinen Ehering tragen! Die „Verkäuferinnen" können natürlich auch Boutique- oder Ladeninhaberinnen sein und keine Angestellten. Es ist sehr wichtig, daß die Damen nicht unter Streß stehen, d.h. gehen Sie in die Abteilungen und Boutiquen, wo es nicht so viele Kunden gibt. Lassen Sie sich über einen möglichen Einkauf beraten mit der Begründung, daß Sie ein Geschenk für Ihre Mutter oder Schwester suchen.
Es ist wichtig, daß Sie tatsächlich eine Kleinigkeit kaufen.
Die Geschenke, die Sie heute kaufen, können Sie ganz gut verwenden für Frauen, die Sie später kennenlernen werden! Diese kleinen Investitionen werden sich auf jedem Fall lohnen.
Machen Sie beim Einkaufsgespräch gleich eine außergewöhnliche Bemerkung oder ein Kompliment.
Sie sollten auf jeden Fall auffallen.
So kann sich die Auserwählte auch morgen an Sie erinnern, was von großer Wichtigkeit ist.

Sagen Sie ihr so etwas wie:
In ganz Europa habe ich solche schönen Sachen wie hier, in Ihrem Laden, noch nie gesehen! Oder:
So eine wunderschöne Uhr, die Sie tragen, wo kann man so eine kaufen?
Ein Lächeln dürfte dabei nicht fehlen.
Wenn Sie nicht sicher sind, ob die Dame verheiratet ist oder nicht (um keine Zeit zu verlieren) fragen Sie sie ungefähr so:
Der schöne Ring den Sie tragen, wäre vielleicht auch ein gutes Geschenk, nur vielleicht für eine andere Gelegenheit. Was ist das für ein Ring? Und der daneben? Ist das ein Ehering?
Oder: **Sie sind ein Engel, nicht nur weil Sie mich gut beraten haben, sondern weil Sie noch dazu auch eine wunderschöne Frau sind.**
Ihr Ehemann muß der glücklichste Mann auf der Welt sein!
Viele Frauen werden hier gleich sagen: **Ich bin nicht verheiratet!** Somit können Sie die Übung morgen mit gutem Gewissen fortsetzen.

- Notieren Sie sorgfältig jedes Gespräch und notieren Sie natürlich auch in welchem Kaufhaus (Geschäft, Boutique usw.) welche Dame arbeitet, damit Sie sie auch morgen wiederfinden können!

- Besorgen Sie sich unterwegs ein Buch mit guten Witzen.

- Auf dem Weg nach Hause sprechen Sie **mindestens 10 Frauen** an, mit denselben oder ähnlichen Fragen wie von gestern.

Diese Übung werden wir heute etwas ausweiten und vertiefen. Unser Ziel ist, Ihre mögliche Angst vor einer Ablehnung zu überwinden (falls Sie immer noch daran glauben, daß es so etwas gibt).
Wie oft können Sie ein „Nein“ ertragen?
Wie oft haben Sie den Wunsch gehabt, eine Frau anzusprechen, die Sie anziehend fanden, und es dann doch nicht getan, weil Sie das Wort „Nein“ nicht hören wollten?
Denken Sie bitte nach, wie albern das ist.
Bedenken Sie, welche Einschränkungen Sie hinnehmen, nur weil Sie Angst vor diesem kleinen Wort haben.

Das Wort selbst ist ohne jede Macht. Es kann Ihnen nichts antun. Die Macht dieses kleinen Wortes entsteht nur durch das, womit Sie es assoziieren. Für Menschen unsere Kultur stellt der Umgang mit dem Wort „Nein“ eine große Schwierigkeit dar. Was hält Sie davon ab, genau das zu tun, was Sie wollen? Es ist dieses kleine Wort „Nein“. Um Erfolg bei Frauen zu haben, müssen Sie lernen mit Ablehnungen fertig zu werden.

Stellen Sie sich darauf ein, daß Sie heute viele „Körbe“ bekommen werden!

Wenn eine Frau kein Interesse für Sie hat, das ist doch kein Drama oder?
Verbinden Sie das nicht gleich mit einem Scheitern des Planes zu Ihrem Ziel zu kommen. Im Gegenteil!

Jedes Mal, wenn Sie eine Frau angesprochen haben, egal mit welchem Ergebnis, haben Sie einen kleinen Erfolg verbucht!!

Es gibt keinen Erfolg ohne vorherige Ablehnung. Je öfter Sie zurückgewiesen werden, um so besser!

- Zuerst stellen Sie die ganz normale Frage von gestern (z.B. wo befindet sich hier die Herzstraße bitte?).

Mögliche Antworten können so lauten:

Ich habe keine Zeit (kommt erfahrungsgemäß fast nie oder selten vor). Bei so einer Antwort gehen Sie sofort weiter und fragen Sie nichts mehr (das ist nichts für Anfänger).

Ich weiß es nicht oder **ich kann Ihnen leider nicht weiter helfen.**
Bedanken Sie sich und gehen Sie sofort weiter.

Ja, ich weiß wo die Straße ist... gehen Sie die Straße zu Ende und... Bei so einer Antwort müssen Sie blitzschnell reagieren, wenn die Frau Ihnen gefällt.
Zuerst kommt der Blickkontakt.

Schauen Sie ihr etwas tiefer in die Augen, auf keinen Fall zu frech oder starr und nicht länger als zwei, drei Sekunden.
Blickkontakt heißt Blickkontakt, weil er Kontakt schafft.
Ein vorsichtiges Vorgehen ist sehr wichtig, obwohl Sie sich unbedingt auf eine Ablehnung einstellen müssen. Je mehr Ablehnungen heute, desto besser! Senken Sie für einen Moment langsam die Augen und schauen Sie dann wieder auf.
Also noch einmal: Etwa zwei, drei Sekunden lang tief in Augen schauen, dann den Blick entweder senken oder schweifen lassen, und wieder aufschauen!
Wiederholen Sie das während des ganzen Gesprächs und wenn die Dame mitmacht steigern Sie langsam die Dauer Ihres direkten Blickes bis zu vier, maximal fünf Sekunden.
Nicht anstarren!
Der direkte Blick ist fest, aber lebendig! Bewegen Sie Ihre Pupillen. Schauen Sie der Dame in die Augen, nicht ins Auge! Ihre Pupillen, Ihr Blick soll ständig wandern von einem Auge zum anderen Auge Ihrer Gesprächspartnerin! Das ist die Basis für einen erfolgreichen Flirt.

Lächeln Sie dabei freundlich (Achtung kein Grinsen!), jetzt kommt ein wichtiger Augenblick:
Bedanken Sie sich für die Auskunft und versuchen Sie die Dame in ein Gespräch zu verwickeln.
Wenn Sie wie gestern Herzklopfen, Schweißausbrüche, oder einen trockenen Mund haben, das spielt keine Rolle. Machen Sie weiter!

Möchten Sie eine Freundin finden oder nicht?

Es gibt nichts Schöneres als eine liebe Partnerin zu haben, aber dafür müssen Sie etwas tun!

Nur darauf kommt es an.

Auf Ihre Motivation und den eisernen Willen!

Was Sie jetzt zu ihr sagen ist nicht entscheidend. Es ist wichtig, daß Sie irgend etwas sagen.

Selbst die uralte Anmache: **„Entschuldigung, kann es sein, daß wir uns von irgendwoher kennen?“** ist heute immer noch hoch aktuell!
Gerade weil sie so einfach und Einfallslos ist. Damit zeigen Sie, wie mutig Sie sind und daß Sie keine Angst vor Blamage und Ablehnung haben. Probieren Sie es aus!
Wenn ich manchmal nicht wußte was ich sagen sollte, habe ich sie verwendet (schon mehrere Dutzend Male) und schöne „Erfolge“ erzielt!

Jede angesprochene Frau wird jetzt verstanden haben, was Sie von ihr wollen.
Viele Frauen werden sofort weitergehen (aber hundertprozentig, mit einem Lächeln auf den Lippen), weil Sie einfach kein Interesse an Ihnen haben oder nicht frei sind. Lassen Sie sie natürlich ruhig weggehen und machen sie Ihre Übung weiter.

Die Frau, die frei ist, wird Sie einen Augenblick lang etwas näher und mit Interesse beobachten.
Sie wird aber eine mögliche frühere Bekanntschaft verneinen und lassen Sie sie deshalb nicht so schnell zu Wort kommen.
Fragen Sie unbeirrt weiter (nur mit Fragen kann man so ein Gespräch weiterführen und vertiefen) ungefähr so:
Ich glaube ich habe Sie schon in der und der... Diskothek (Schule, Café, Fitneßzentrum usw.) gesehen?
Es ist selbstverständlich sehr wichtig, daß Sie den Namen von der Diskothek oder dem Café parat haben.
Wenn die Dame die Frage entschlossen verneint und doch jetzt weitergeht, lassen Sie sich nicht entmutigen.
Wenn sie die Frage verneint, aber zögert weiterzugehen, oder Sie merken, daß sie sich amüsiert, oder noch besser, wenn sie das Wort **„vielleicht“** sagt, sagen Sie ihr dann so etwas wie:
So eine wunderschöne Frau wie Sie kann ich nicht vergessen und ich bin sicher, daß ich Sie kenne, nur Sie kennen mich wahrscheinlich wirklich nicht. Sie haben mich damals kaum wahr genommen, es ist kein Wunder, daß Sie sich an mich nicht erinnern können. Zum Glück sehe ich Sie jetzt wieder, das ist die Chance meines Lebens. Darf ich Sie jetzt oder irgendwann später zu einem Drink einladen?

Wenn die Dame kein großes Interesse an Ihnen hat, wird sie das spätestens jetzt sagen und weitergehen.
Wenn sie aber Ihre Einladung annimmt, ist es überflüssig zu sagen, daß Sie mit ihr ins nächste Café gehen oder sich mit ihr für ein anderes Mal verabreden sollen (falls sie jetzt nicht kann).
Denken Sie nie, daß so etwas unmöglich ist!

□ **Sie können es!**

Hier kommen drei kurze Geschichten aus meiner Praxis:
♣ Lydia habe ich zum ersten Mal in einem Kaufhaus gesehen. Sie war so schön, daß ich sie einfach nicht beschreiben kann. Ohne viel zu überlegen sprach ich sie an:
„Hallo, Frau Block! Was für eine schöne Überraschung Sie wiederzusehen!“
Können Sie sich vorstellen, wie überrascht sie war? Trotz ihrer Überraschung war ihre Antwort kurz und unmißverständlich: ***„Ich bin nicht Frau Block und ich habe Sie nie in meinem Leben gesehen!“***
„Wie ist das möglich? Sind sie sicher? Wir kennen uns ... ich glaube, ich habe Sie gesehen...das war in...“
„Natürlich bin ich mir sicher.“
„Vielleicht haben Sie eine Schwester oder Doppelgängerin...? So was ist auch möglich.“
„Ich habe keine Schwester“, sagte sie, drehte sich um und zeigte mir ihren schönen Rücken.
„So ein Mißverständnis“, sagte ich etwas lauter und es war mir egal, daß andere Kunden zu uns herüber geschaut haben ***„es ist mir etwas peinlich, darf ich Sie zu einem Drink einladen und die Sache wiedergutmachen?“***
„Das ist nicht nötig“, sagte sie ernst und noch lauter als ich.
Ich zuckte mit den Schultern, drehte mich auch um und ging ein paar Schritte weiter.
„Warten Sie bitte!“ hörte ich sie plötzlich hinter mir noch sagen.
„Oben auf der letzten Etage ist ein Cafe-Restaurant, ich glaube wir können dort doch einen Drink zusammentrinken!“
So sind Frauen, immer bereit, ein bißchen Mut zu belohnen. Lydia war eine von den leidenschaftlichsten Frauen mit denen ich zusammen war.

♣ Mit Inge lief die Sache auch einfach, aber nur so lange bis sich herausgestellt hatte, daß sie verheiratet war.

Sie schaute sich Blusen in einem Damenmodegeschäft an, als ich sie mit „Frau Warnecke“ ansprach.

„Nein das bin ich nicht, sagte sie und lächelte mich an.
„Aber wir haben uns doch vor zwei Wochen im „CONI“ Fitneßzentrum kennengelernt! Das waren doch Sie, oder? So eine schöne Frau vergißt man nicht so leicht“, sagte ich und ihr Lächeln wurde noch breiter.
„Ich war seit vier Jahren nicht in dieser Stadt. Ich bin nur zu Besuch hier. Obwohl ich Sie nicht kenne, vielleicht haben wir uns früher wirklich irgendwo gesehen, aber nicht vor zwei Wochen und bestimmt nicht in einem Fitneßzentrum.“ Ihre Argumentation und Verteidigung waren ziemlich schwach.
Es schien, daß ihr die ganze Situation Spaß machte. Ich ging sofort in die Offensive:
„Sie sehen so perfekt aus, als ob Sie jeden Tag ein Fitneßzentrum besuchen...ich meine nicht, daß sie das nötig hätten, aber es ist einfach unglaublich, wie gut und sportlich Sie aussehen.“
„Na gut, ich habe früher viel Sport gemacht, aber das ist sehr lange her...“ sagte sie immer noch lächelnd.
„Hoffentlich habe ich Ihnen nicht viel Zeit genommen?“
„Nein, nein.“ Sie lächelte mich noch einmal an und machte Anstalten wegzugehen.
„Darf ich Sie zu einer Tasse Kaffee und ein Stück Kuchen einladen ?“ fragte ich schüchtern.
Es hörte sich wirklich so an, als ob ich mich überwinden mußte um diese Frage zu stellen. ***„Dort ist ein Café, genau dort über die Straße, sehen Sie es? Es ist nicht weit. Hätten Sie noch etwas Zeit?“***
„Eigentlich ja“, antwortete sie schnell,***“ und ich kenne das Café von früher. Na gut, warum nicht.“***
Aus unserem Gespräch im Café hatte ich dann herausgefunden, daß sie leider verheiratet ist und dann habe ich alle meine Eroberungsversuche abgebrochen. Eine Stunde später hatten wir uns als gute Freunde verabschiedet.

♣ Susanne habe ich zum ersten Mal in der Innenstadt auf der Straße gesehen und obwohl ich sie sehr attraktiv fand, weiß ich bis heute noch nicht warum sie mich auf den ersten Blick so stark angezogen hatte.

Sie kam mir entgegen und mein erster Gedanke, als ich sie gesehen hatte war: *„Ich muß sie kennenlernen!"*

Dem folgend, als sie an mir vorbei ging, und sie ging sehr schnell, drehte ich mich um und begann hinter ihr her zu gehen.

Sie war nicht in dem klassischen Sinne schön, aber sie war sehr attraktiv und sehr gut gekleidet und sie hatte das „gewisse Etwas", was mich fast augenblicklich verrückt nach ihr gemacht hatte.

Nach einer zehnminütigen Verfolgung, während ich mit klopfendem Herzen, hinter ihr her ging und mir alle mögliche Anmachen durch den Kopf gehen ließ, setzte sie sich zu meinem Glück auf eine kleine Bank nieder, nahm ein Päckchen Zigaretten aus ihrer Jackentasche heraus und begann zu rauchen.

„Darf ich mich neben dich setzten?" fragte ich höflich, wie immer.

„Laß mich in Ruhe!" lautete ihre klare Antwort.

„Ist schon gut! Ich beiße ja nicht", sagte ich barsch und setzte mich trotzdem neben sie. ***„Was hast du für ein Problem, Mädchen?"***

Sie nahm einen tiefen Zug und schwieg. Nach etwa einer Minute Schweigens sagte sie plötzlich: ***„Mein Vater ist krank. Ich komme gerade aus dem Krankenhaus."***

„Das tut mir leid", sagte ich ehrlich.

„Alles geht mir auf die Nerven. Meine Arbeit und die Leute dort und... einfach alles." Sie begann zu reden und reden. Als ob sie nur gewartet hätte, daß jemand kommt und sie fragt, wie es ihr geht, damit sie ihr Herz ausschütten kann.

Einige Minuten später konnten wir uns schon ganz gut verstehen. Ich erzählte ihr über meinen Vater und alle Krankheiten, die er hatte, was sich dann zu einem ziemlich ungewöhnlichen Gespräch über Gesundheit entwickelte, und sie gab zu, daß sie schon seit längerem versuchte, sich das Rauchen abzugewöhnen. Wir setzten dann unser Gespräch in einem naheliegenden Restaurant fort und es gelang mir, sie zu erheitern und zum Lachen zu bringen, obwohl sie es war, die am meisten redete. Wir beschlossen uns wiederzusehen und sie gab mir ihre Telefonnummer.

Wir haben uns danach noch ein paar Mal getroffen und wir hatten eine kurze Beziehung von etwa drei Monaten gehabt.

Sie sehen also, wenn Sie eine Frau ansprechen, daß alles möglich ist.

Sie müßten sich nur trauen, selbst wenn Sie anfangs ein paar „schlechte" Erfahrungen sammeln müssen.

Jede Frau ist ein Geheimnis, das sich zu enträtseln anbietet. Es liegt nur bei Ihnen, ob Sie das tun und nicht bei Frauen.

□ **Sie können es!**

Kommen wir zu unserer Übung zurück.

- Wenn die Dame Ihre Einladung nur zögernd ablehnt, dann nur, weil sie Angst hat, daß Sie sie für ein „leichtes" Mädchen halten würden, wenn sie die Einladung sofort annimmt.
Reden Sie weiter und lassen Sie sie weiterhin nicht viel zu Wort kommen, wie z.B.:
Sie können sich das noch überlegen, vielleicht ein anderes Mal. Geben Sie mir wenigstens Ihre Telefonnummer. Ich verspreche es Ihnen, Sie nicht mehr als 10 Mal täglich anzurufen (versuchen Sie etwas witzig und nicht zu ernst zu sein).
In diesem Moment haben Sie eine reale Chance ihre Telefonnummer zu bekommen. Wenn doch nicht, dann bedanken Sie sich für die Information und geben Sie ihr Ihre Visitenkarte mit den Worten:
Gestatten Sie mir bitte nur noch, daß ich Ihnen meine Telefonnummer gebe.
Ich würde mich wirklich sehr freuen, wenn Sie mich irgendwann anrufen. Wir können uns dann in aller Ruhe unterhalten und vielleicht etwas näher kennenlernen.
Wissen Sie, manchmal fühle ich mich so allein, obwohl ich viele Freunde habe... rufen Sie mich einfach an und wenn ich zu langweilig bin, können Sie immer noch den Hörer auflegen und mich für immer vergessen. Ich werde Sie dagegen nie vergessen können.

Solche und ähnliche Worte haben immer eine sehr starke nachhaltige Wirkung und Sie brauchen sich nicht zu wundern, wenn Ihr Telefon zu Hause bald ständig zu klingeln beginnt.

- Notieren Sie diese Begegnung sorgfältig wie alle andere auch.

- Später zu Hause, nachdem Sie sich entspannt haben, versuchen Sie anhand Ihrer Notizen jede Begegnung von gestern und heute noch einmal im Geist zu erleben (mit so vielen Einzelheiten wie nur möglich ist).

- Schreiben Sie in ein anderes Heft Ihre Bemerkungen, Gedanken und Gefühle von gestern und heute. Versuchen Sie die folgenden Fragen zu beantworten (der Sinn dieses Schreibens ist, daß Sie sich dadurch besser kennenlernen, Ihre schwachen Seiten beseitigen und die starken Seiten verstärken können):

Sind Sie mit den vergangenen zwei Tagen (gestern und heute) zufrieden? Wenn ja oder nein, warum?

Haben Sie Angst gehabt? Wenn ja, wovor?

Haben Ihnen die bisherigen Übungen etwas gebracht? Wenn ja, was und warum?

Waren die Übungen bis jetzt schwierig oder leicht?

Haben sich bis jetzt Ihre Erwartungen erfüllt? Wenn ja, welche?

Haben Sie sich heute und gestern zu einem Narr gemacht oder sich wie ein Idiot gefühlt? Wenn ja, warum?

Sind Sie stolz auf sich selbst und Ihren Mut? Wenn ja, warum?

Ist Ihre Motivation immer noch stark genug?

Möchten Sie immer noch eine Freundin finden? Oder vielleicht doch nicht, weil Ihnen das Ganze zu aufwendig und zu anstrengend geworden ist?

□ Hier eine kleine Warnung: Falls Sie keine Freundin mehr finden wollen, ist es noch nicht zu spät mit den Übungen aus dem Buch aufzuhören! Wenn Sie sie aber weiter durchführen, dann werden Sie bestimmt eine Freundin finden!

- Nehmen Sie sich heute noch etwas Zeit und suchen Sie sich aus dem Buch mit den Witzen (das Sie heute besorgt haben) etwa 50 bis 100 gute Witze aus und kreisen Sie sie ein.
Beginnen Sie sie auswendig zu lernen mit einer einfachen memografischen Lernmethode, die ich Ihnen jetzt hier verraten werde. Witzig und humorvoll zu sein kann man nicht erzwingen, aber Frauen werden Sie nicht wegen der Witze bewundern, sondern wegen Ihres guten Gedächtnisses und der Intelligenz.
Stellen Sie sich vor, Sie kennen 100 oder 200 Witze auswendig!

- Aus jedem Witz machen Sie ein Stichwort (Eselsbrücke).
Nehmen Sie zuerst 5 oder 10 Witze. Das kann ungefähr so aussehen (hier sind 5 nicht unbedingt gute Witze nur als Beispiel angegeben):

1. "Herr Ober, in meinem Gemüse ist ein Zahn."
„Natürlich, mein Herr. Sie haben doch gesagt, ich soll einen Zahn zulegen." **(Zahn)**

2. Der Chef im Großraumbüro verkündet erfreut: "Ich werde Vater!" Stimme aus der Hintergrund: „Und wen haben Sie in Verdacht?" **(Chef)**

3. „Ich glaube nicht, daß mein Sohn jemals einen Job finden wird. Man kann sich einfach nicht auf ihn verlassen.",„Warum läßt du ihn dann nicht Meteorologe werden ?" **(Meteorologe)**

4. „Sie müssen jetzt ganz streng Diät halten", sagt der Arzt. „Was sind Sie denn von Beruf ?" „Ich bin Schwertschlucker im Zirkus."
„Also dann nur Obstmesser!", sagt der Arzt. **(Arzt)**

5. „Vati, ich habe mir ganz alleine eine Geige gebaut."
„Sehr tüchtig, mein Sohn. Und woher hast du die Saiten dafür?"
„Aus deinem Klavier..." **(Klavier)**

- Diese 5 Stichwörter (**Zahn, Chef, Meteorologe, Arzt, Klavier**) sollen Sie an die 5 Witze erinnern.

Nun aber, wie kann man sich die Stichwörter leicht und ohne anstrengend lernen zu müssen, für immer merken?

Ganz einfach:

Machen Sie aus ihnen, in Ihrem Geist, einen kurzen Spielfilm (oder Zeichentrickfilm)!

Der Spielfilm sollte voller Farbe und überdimensionaler Bilder sein.

Es ist sehr wichtig, daß Sie sich jede Sequenz (jedes Bild) aus Ihrem geistigen Film überdimensional, ungewöhnlich und auch komisch vorstellen!

Versuchen wir es gemeinsam:

Ein schwarzer **Zahn** (es gibt normalerweise keine ganz schwarzen Zähne, deshalb ist es sehr einfach sich das Bild zu merken) mit großen Beinen und noch größeren Füßen geht zu Ihrem **Chef** (Ihren Chef können Sie sich gut im Geist vorstellen, nicht wahr?) ins Büro, und beginnt zu wachsen und wachsen...
Er platzt mit einem großen Knall und teilt sich in zwei Teilen auf (zwei Personen), und wird zu einem **Arzt** in weißem Kittel und einem **Meteorologen**, der mit einer Wetterkarte winkt.
Plötzlich kracht es von oben und ein riesengroßes, rotes **Klavier** fällt hinunter und macht alle drei platt!

- Mit Sicherheit können Sie sich diesen „inneren Film“ ohne Mühe in etwa 30 Sekunden merken, was auch bedeutet, daß Sie die 5 Witze innerhalb von nur 30 Sekunden auswendig gelernt haben!
Jedes Bild (Stichwort, Eselsbrücke) wird Ihnen helfen, ohne Schwierigkeiten, einen Witz aus Ihrer Erinnerung herauszuholen!

- Wiederholen Sie im Geist den „Film“ mit dem schwarzen Zahn noch einmal, aber diesmal von hinten nach vorne.

Lassen Sie ihn vor Ihrem inneren Auge rollen.
Damit haben Sie ihn noch einmal in Ihrem Gedächtnis versiegelt. Wenn Sie ihn später, vor dem Einschlafen, im Geist noch einmal vom Anfang und noch einmal vom Ende wiederholen, dann bleibt er (und die 5 Witze) in Ihrem Gedächtnis bis zum Ende Ihres Lebens erhalten!

* * *

Der dritte Tag - Mittwoch

□ **Alles wird gut!**

- Auf dem Weg zur Arbeit (Schule) begrüßen Sie dieselben Frauen von gestern (falls Sie sie heute wiedersehen) oder suchen Sie sich eventuell eine oder zwei andere Frauen aus und begrüßen Sie sie ebenfalls.

- Denken Sie unterwegs nach, ob es bei Ihnen auf der Arbeit oder in der Schule noch Frauen gibt, die noch frei sind und Ihnen gefallen (und die Sie persönlich kennen).
Wenn ja, versuchen Sie heute mit so einer Kollegin öfters als sonst in Kontakt zu treten.
Unterhalten Sie sich mit ihr über ganz normale, allgemeine Sachen, und beginnen Sie mit kleineren Komplimenten und Bewunderung über ihr gutes Aussehen und Intelligenz.
Wenn sich dazu eine Gelegenheit ergibt, erzählen Sie ihr die 5 Witze, die Sie gestern gelernt haben.
Benutzen Sie Ihren inneren Film „mit dem schwarzen Zahn" als Hilfe.
Obwohl Sie die Witze erzählt haben, geben Sie ihr zu verstehen, daß Sie in der letzten Zeit etwas traurig sind.
Das wird ihre Neugier und auch ihr Mitgefühl erwecken und früher oder später wird sie auch fragen warum.
Erklären Sie ihr, daß sie die einzige Person ist, die Ihnen noch helfen könnte, aber wie, verraten Sie ihr noch nicht mit der Begründung, daß hier nicht der geeignete Platz dafür wäre.
Es ist besser, wenn man sich privat treffen oder zumindest privat telefonieren könnte.

Hier haben Sie eine reale Chance, ein Treffen mit ihr auszumachen oder ihre Telefonnummer zu bekommen. Die Arbeitskollegin wird bestimmt neugierig sein, zu erfahren was Sie für ein Problem haben können, bei dem nur sie, als einzige Person, helfen kann.
Wenn es Ihnen eine Arbeitskollegin gefällt, die Sie noch nicht persönlich kennen, dann geben Sie sich heute unbedingt Mühe, sie kennenzulernen.

Bei dem Gespräch mit ihr seien Sie traurig und ernst. Sagen Sie ihr auch, daß sie die einzige Person auf der Welt ist, die Ihnen helfen kann, nur Sie wollen darüber nicht auf der Arbeit sprechen.

Hier kommen mehrere Sachen zusammen:

Die Kollegin wird natürlich sehr überrascht sein und sich aber auch geschmeichelt fühlen, daß sie, die „Einzige" ist, die Ihnen helfen kann, und sie wird mit Sicherheit neugierig werden, zu erfahren was da los ist.

Frauen führen in ihren Köpfen eine Phantasiewelt (viele von uns Männern auch) die sich sehr unterscheidet von dem täglichen Leben.

Wenn jemand plötzlich mit einer ungewöhnlichen Bitte oder Geschichte auftaucht, aktiviert er diese Phantasiewelt und Frauen zeigen Interesse für ihn.

Deshalb haben Sie auch hier eine reale Chance, ein Treffen vereinbaren zu können oder ihre Telefonnummer zu bekommen.

- Nach der Arbeit „besuchen" Sie die Verkäuferinnen (bzw. Boutique- und Ladeninhaberinnen) von gestern und bedanken Sie sich für die gestrige Einkaufsberatung.
Ihre Schwester (Mutter oder Cousine) soll mit dem Geschenk sehr zufrieden gewesen sein.
Machen Sie ein paar Komplimente wie z.B.:

Tragen Sie vielleicht Ihr Haar anders als gestern? Das sieht ganz gut aus.

Ihre Ohrringe sind sehr schön.

Ihr Kostüm steht Ihnen perfekt, was tun Sie für Ihre Figur, daß sie so gut in Form ist?

Die Kette (oder Brosche) die Sie tragen ist sehr schön, Sie haben einen guten Geschmack.

Sie haben ein wunderschönes Lächeln. Sie sollten öfters lächeln, das wird auf Kunden besser wirken als jeder Schlußverkauf.

Falls sich die Dame zu bedanken versucht, sagen Sie ihr langsam und mit großer Überzeugungskraft (schließlich müssen Sie auch selbst davon überzeugt sein, daß das, was Sie sagen wirklich stimmt): **Das ist kein Kompliment, das ist nur eine Tatsache, die jeder feststellen kann.**

Hier kommt eine kleine Geschichte aus meinem Leben:

♣ Als ich Patrizia zum ersten Mal gesehen habe, war ich wie von Blitz getroffen! Sie hatte schöne blaue Augen, kurzes blondes Haar, elegante graziöse Bewegungen, sympathische mädchenhafte Gesten und ein wunderschönes Lächeln. Diese schöne Blondine arbeitete in der Schmuckabteilung eines großen Kaufhauses.
Ich fragte sie nach einem geeigneten Hochzeitsgeschenk für eine entfernte Cousine. Es entstand folgendes Gespräch (das Gespräch habe ich hinterher aufgeschrieben):

„Wie alt ist Ihre Cousine ?" fragte sie ohne großes Interesse.
„Etwas jünger als Sie, aber nicht mal halb so schön wie Sie. Und sie gilt in unserer Familie als eine Schönheit." Mit dieser Antwort bekam ich schon ein sehr dankbares Lächeln. Augenblicklich veränderte sich ihre ganze körperliche Haltung (sie „öffnete sich") und das bemerkte ich natürlich sofort.
„Wann ist die Hochzeit ?"
„Übermorgen."
„Was halten Sie davon? Ich finde diese Brosche sehr schön. Dieses Symbol ist für Glück und Harmonie in der Ehe"
In ihrer kleinen, gepflegten Hand hielt sie eine Brosche vor meiner Nase, aber ich schaute nicht auf die Brosche. Ich verlor mich in ihren Augen. Ich schwieg zwei, drei Sekunden, um die Spannung noch zu steigern und fragte dann: ***„Seit wann arbeiten Sie hier? Ich habe Sie bis jetzt noch nie hier gesehen. Sonst wäre ich bestimmt viel öfters hierher gekommen, nur um Sie zu sehen!"*** Ihre Augen glänzten und sagten mir, daß ich auf dem richtigen Weg bin.

„Nicht so lange. Ich arbeite erst seit ein paar Wochen hier.“
„Macht Ihnen die Arbeit Spaß oder ist sie eher langweilig?“
„Das kann ich noch nicht sagen, ich weiß es noch nicht so genau..." sagte sie und wechselte dann das Thema ***„und was meinen Sie über die Brosche?“***
„Wenn Sie mich so anschauen und anlächeln wie jetzt, dann bin ich bereit das ganze Kaufhaus zu kaufen!“
Ihre Augen wurden immer größer und der Blick noch tiefer. Ich konnte nur noch flüstern. ***“Ich glaube, ich nehme die Brosche...“***
Ich nahm die Brosche aus ihrer Hand und wir berührten uns kurz. Mein Blutdruck ging in die Höhe.***„Ja, ich nehme sie...“*** murmelte ich nur noch und kurz nach dem Einkauf verließ ich das Kaufhaus.
In den nächsten drei Wochen ging ich noch sieben oder acht Mal zu ihr ins Kaufhaus. Beim letzten Mal tranken wir in ihrer Mittagspause zusammen Kaffee.
Von da an, bis zu einem gemeinsamen Abendessen war es nur noch ein kurzer Schritt.
Wir haben später eine schöne Zeit zusammen und eine sehr harmonische Beziehung gehabt.

Etwas hätte ich fast vergessen:
Bei einigen Verkäuferinnen habe ich gar keinen Erfolg gehabt, aber daher jede Menge Erfahrungen!

Ich wiederhole es noch einmal, wenn ich „Verkäuferin“ sage, das muß nicht heißen, daß die Dame irgendwo als Angestellte arbeitet, sondern es gibt sehr schöne Boutique- und Ladeninhaberinnen, die vielleicht zur Zeit auch wie Sie keine Beziehung haben, und bei denen sich vorbeizuschauen lohnt.

Selbst wenn der Laden ein reines Damenwarengeschäft sein soll, scheuen Sie sich nicht hinein zu gehen!

Ich kann es nicht oft genug betonen, daß es nur von Ihrem „Einsatz“ abhängt ob Sie eine Freundin finden oder nicht.

Sie selbst sind verantwortlich für Ihr Alleinsein und nur Sie selbst können dagegen etwas tun!

- Finden Sie heute noch etwas Zeit und besuchen Sie ein paar Ämter, wie z. B. Arbeits- und Sozialamt, Anwohnermeldeamt, Wirtschafts- und Ordnungsamt usw. (vorausgesetzt diese Ämter haben auch nachmittags Publikumsverkehr), wo eine Menge schöne Beamtinnen arbeiten.
Suchen Sie sich dort, zwei oder drei Frauen aus, die Ihnen gefallen und notieren Sie, wie sie heißen und wo genau sie arbeiten.
Sie können problemlos in jedes Büro hereinspazieren, unter irgendeinem Vorwand, aber unternehmen Sie keine Eroberungsversuchen.
Die Namen herauszufinden ist wirklich nicht schwer, neben jeder Tür an der Wand hängt ein Namensschild.

- Gehen Sie danach in zehn größere Hotels und tun Sie dasselbe. Dort arbeiten auch hübsche Frauen, und unter dem Vorwand, daß Sie ein Zimmer haben wollen, suchen Sie sich Frauen aus, die Ihnen gefallen, merken Sie sich, wie sie heißen (sie tragen auch alle Namensschilder) und wie das Hotel, in dem sie arbeiten heißt.

- Auf dem Weg nach Hause sprechen Sie **mindestens 10 Frauen** an (wie gestern und vorgestern) und versuchen Sie, eine oder zwei Telefonnummer zu bekommen.

<u>Je mehr Ablehnungen, desto besser.</u>

Verteilen Sie auf jeden Fall ein paar von Ihren Visitenkarten.

- Lernen Sie später zu Hause 5 neue Witze auswendig. Verbinden Sie den „neuen“ Film mit dem alten Film (Der schwarze Zahn).

- Falls Sie in den letzten drei Tagen eine oder zwei Telefonnummer bekommen haben, dann rufen Sie jetzt an! Man schmiedet Eisen solange das Eisen heiß ist!

□ **Die Zeit ist zu kostbar um sie zu vergeuden!**

Bevor Sie anrufen, schreiben Sie ein paar Stichwörter oder auch ganze Sätze über das bevorstehende Gespräch auf (so wie Sie meinen, daß das Gespräch ungefähr verlaufen wird).

□ **Schreiben Sie auf, was Sie am Telefon sagen wollen. Mit einem Konzept kommen Sie nicht ins Stottern.**
Sie müssen wissen, was Sie sagen und erreichen wollen.

Ich kenne viele Leute, die am Telefon richtige Redemeister sind, aber wenn sie einer Frau gegenüber stehen, dann kriegen sie kein Wort heraus, aber ich kenne auch ein paar Leute bei denen die Sache genau umgekehrt ist.
Zu welchem Typ Sie gehören, werden Sie spätestens jetzt herausfinden. Wenn Sie Glück haben wird die Frau, die Sie angerufen haben zu Hause sein.

□ **Wenn Sie am Telefon unsicher sind, sollten Sie sich vor einem Spiegel setzen. Das wird Sie selbstsicherer machen.**

Das Gespräch können Sie ungefähr so führen:

Hallo hier ist...
Wir haben uns heute (gestern oder vorgestern) kennengelernt und seitdem denke ich ständig an Sie (Dich).
Ich mußte Sie jetzt unbedingt anrufen, obwohl ich nicht weiß warum.
Können Sie sich an mich noch erinnern?
Was haben Sie mit mir gemacht, daß ich so viel an Sie denken muß?
Ist das eine Art weiße Magie?
Wie und warum haben Sie mich verzaubert?

-**Beruf**- fragen Sie nach ihrem Beruf.
-**Hobby**- genau so.
-**Film**- fragen Sie welche Filme sie mag.
-**Bücher**-
-**Musik**-
-**Sport- usw.** und vergessen Sie nicht, sie zu einem Drink einzuladen (oder noch besser gleich zu einem Abendessen, Frauen mögen keine geizigen Männer).
Es ist wichtig, wenn das möglich ist, daß das Gespräch ungefähr so verläuft, wie Sie es sich anhand der Stichwörter vorgestellt und dem entsprechend auch vorbereitet haben.

Vielleicht fragen Sie sich was, wenn eine Frau wirklich mit Ihnen ausgehen möchte und Sie wissen nicht, wie Sie sich bei einer Verabredung verhalten sollen, bzw. wenn Sie plötzlich Angst oder sogar Panik bekommen.
Das ist kein Scherz, manche Männer geben kurz vor dem Ziel auf. Sie glauben noch nicht ganz an sich selbst, weil die alte Angst vor einem Korb wahrscheinlich wiederaufgetaucht ist.

Überwinden Sie Ihre Angst und gehen Sie zu der Verabredung!

Machen Sie sich einen schönen Abend in Gesellschaft einer Frau!

Gibt es etwas Schöneres, als das?

Ist nicht das, was Sie immer wollten?

Sie können nichts verlieren (da Sie zur Zeit sowieso keine Freundin haben), Sie können nur gewinnen.

Sie haben schon gewonnen, als Sie vorgestern, auf der Straße, die erste Frau angesprochen und versucht haben, von ihr ihre Telefonnummer zu bekommen.

□ **Sie können es!**

- Wenn Sie weiter machen, werden Sie in den nächsten Tagen eine schöne, zärtliche, intelligente, erotische und nach Ihrem Geschmack aussehende Freundin finden!
Sie müssen nicht gleich die erste nehmen, die bereit ist mit Ihnen auszugehen. Suchen Sie sich eine richtige Partnerin aus.

- Wenn Sie Lust dazu haben, lernen Sie vor dem Schlafengehen noch 10 Witze auswendig.
Den neuen Film knüpfen Sie an die zwei „alten“ Filmen an. Das wird nicht mehr, als 10 Minuten in Anspruch nehmen.
Wiederholen Sie im Geist alle drei zusammengebundene Filme einmal vom Anfang bis zum Ende und einmal umgekehrt.
Gratulation! Sie haben in kurzer Zeit (ein paar Minuten jeden Tag) schon 20 Witze auswendig gelernt!

Hier geht es nicht darum den Frauen die Witze, wie auf laufendem Bahn zu erzählen, sondern nur die Tatsache, daß Sie so viele Witze auswendig kennen (50 oder 100), wird Ihr Selbstbewußtsein stärken und Ihnen den Umgang mit Frauen erleichtern.

Frauen lieben interessante und vor allem intelligente Männer!

* * *

Der vierte Tag - Donnerstag

□ **Alles wird gut!**

- Morgendliche Begrüßung wie gehabt. Es ist durchaus möglich, daß Sie eine oder die andere Dame heute zurückgrüßt und vielleicht auch anlächelt. Sie fragen sich zwar immer noch, was Sie eigentlich von ihnen wollen, aber sie sind auch bestimmt glücklich, daß sie plötzlich einen Verehrer bekommen haben. Machen Sie weiterhin keine Eroberungsversuche. Die Neugier und die Spannung müssen bei den Damen noch steigen.

Hier kann ich mich an eine meine interessante Erfahrung erinnern:

♣ Ginna habe ich zum ersten Mal in einem Kaufhaus gesehen und sofort begrüßt. Sie erwiderte den Gruß automatisch und ging weiter. Nach ein paar Schritten drehte sie sich um und sah mich kurz an. Die Verwirrung stand ihr im Gesicht geschrieben und machte mir viel Spaß. Ich wollte sie gleich ansprechen, aber irgendwie verlor ich sie dann aus den Augen.
Etwa zwanzig Minuten später sah ich sie zufällig auf der Straße vor dem Kaufhaus wieder, wie sie über die Straße ging und eine Boutique betrat.
Ich wartete geduldig, daß sie aus der Boutique hinauskommt aber sie tat es nicht und ich verstand, daß sie dort arbeitet (später habe ich erfahren, daß sie die Boutiqueinhaberin ist).
Am nächsten Tag ging ich an dem Laden vorbei und sah durch das Schaufenster nach, ob sie im Laden war. Zum Glück war sie da, und ich sah, wie sie sich mit zwei Frauen unterhielt. Als sie mich auch erblickte bekam ihr Gesicht ein seltsames Ausdruck und ich spürte, daß etwas nicht stimmte. Ich wartete trotzdem weiter und als die zwei Frauen herauskamen, ging ich in den Laden hinein und vergaß, daß das ein Fehler ist (man soll die Frau nie erschrecken; ich sollte nicht warten bis sie allein geblieben war. Ginna erzählte mir später, daß sie in diesem Moment Angst hatte und dachte, daß ich sie vielleicht ausrauben wollte. Deswegen hatte sie diesen zwei Frauen gesagt, daß sie sich in der Nähe des Laden aufhalten sollen). Ohne dies alles zu wissen, begann ich gleich meinen „Angriff“:

„ ...Tag, ich habe sie gestern, drüben im Kaufhaus gesehen und ich sagte mir: Daniel, du muß diese Frau unbedingt kennenlernen... haben Sie das auch so empfunden? Können wir uns vielleicht kennenlernen? So eine schöne Frau wie Sie...“
In diesem Moment stürmten die zwei Frauen in den Laden herein und fragten gleichzeitig: ***„Ist alles in Ordnung? Ist alles in Ordnung?***
„Ja,“ antwortete Ginna, jetzt schon beruhigt. Sie wußte jetzt, daß ich kein Räuber, sondern ein Verehrer war. ***„Es ist alles in Ordnung!“***
Die Frauen verließen den Laden und während ich verwirrt da stand, dämmerte es mir langsam, daß ich einen Fehler gemacht hatte. Dann sagte sie zu mir:
„Ich bin leider verheiratet und habe zwei Kinder...was heißt leider... (verbesserte sie sich schnell) ***ich bin glücklich verheiratet“*** und hier mußten wir beide lachen.
Mit Ginna habe ich keine Beziehung gehabt, aber wir sind gute Freunde geworden.

Kommen wir zu unseren Übungen zurück:

- Auf der Arbeit sprechen Sie mit Ihrer Arbeitskollegin über „Ihr Problem“, das Sie angeblich haben.
Versuchen Sie sich mit ihr für das nächste Wochenende zu verabreden oder sagen Sie ihr, daß Sie sie am Wochenende anrufen werden (vorausgesetzt sie gibt Ihnen die Telefonnummer), um mit ihr in aller Ruhe darüber reden zu können (vorausgesetzt sie will Ihnen helfen).

- Rufen Sie in Ihrer Mittagspause einen Blumenladen mit Fleurop-Dienst an und sorgen Sie dafür, daß heute, morgen und am nächsten Montag jede Frau, die Sie sich gestern ausgesucht haben (verschiedene Hotels und Ämter) einen schönen Blumenstrauß zugeschickt bekommt. Wenn das zu teuer für Sie ist, dann einen kleineren Blumenstrauß.
Auf dem Begleitkärtchen sollte nur geschrieben stehen, daß der Blumenstrauß von einem „anonymen Verehrer“ ist.
Ich weiß nicht, ob Ihnen klar ist welche Freude Sie damit diesen Frauen bereiten würden?

Stellen Sie sich vor, ein Blumenbote kommt plötzlich an Ihren Arbeitsplatz und überreicht Ihnen einen schönen Blumenstrauß von einer „anonymen Verehrerin"!
Wie würden Sie sich fühlen, abgesehen davon, daß Sie neugierig sein werden herauszufinden wer die Verehrerin sein könnte? Es gibt viele Frauen die Blumen nur am Geburtstag bekommen und mit ein paar Blumen kann man bei ihnen viel erreichen (zu den Blumen müssen natürlich später auch wahre Gefühle und Bewunderung sowie ein echtes Interesse kommen).

- Nach der Arbeit statten Sie „Ihren Verkäuferinnen" wieder einmal einen „Besuch" ab.
Manche von ihnen werden sich richtig freuen Sie wiederzusehen und sich sehr geschmeichelt fühlen, daß Sie nur ihretwegen wieder gekommen sind (selbst wenn Sie das bis jetzt noch nicht erwähnt haben. Frauen haben eine starke Intuition und fühlen sofort wenn jemand an ihnen Interesse hat).
„Verkäuferinnen" haben manchmal etwas Langweile auf der Arbeit (wir alle kennen das Gefühl oder?) und alles, was diese Monotonie zerstört, ist willkommen.
Viele Frauen (das bezieht sich nicht nur auf Verkäuferinnen) werden Ihnen dankbar sein, daß Sie ihr monotones Leben wenigstens für eine Weile unterbrochen haben!

Versuchen Sie heute „Ihr Glück" mit folgenden oder ähnlichen Sätzen (eine Frau zu erobern ist manchmal eine sehr harte Arbeit):
Ich mußte Sie heute noch einmal sehen. Sie ziehen mich magnetisch an! Was sind da für Kräfte im Spiel?

Jede Frau reagiert anders, aber in diesem Moment wird Ihnen fast jede Frau für solche und ähnliche Worte dankbar sein, zumindest innerlich, kann aber äußerlich sogar reserviert werden (sie weiß noch nicht, ob Sie ein Spinner sind und was Sie eigentlich von ihr wollen).Wenn Sie merken, daß eine von ihnen wirklich kein Interesse hat, dann ist doch klar, daß Sie diese Übung an dieser Stelle abbrechen und nicht mehr zu dieser Kandidatin zurückkommen sollten. Das kann leider ein zweischneidiges Schwert sein, weil manche Frauen (genau wie Männer) wirklich Angst bekommen, wenn sich jemand plötzlich für sie interessiert.

Solche Frauen können dann verklemmt oder verwirrt werden und total falsch reagieren.
Nun, wie kann man feststellen, ob eine Frau Interesse hat (dies bloß nicht deutlich zeigt) oder nicht?

□ **Achten Sie mehr auf ihre Körpersprache (zumindest in Anfangsphase) als auf das, was sie zu Ihnen sagt!**

Es klingt vielleicht paradox, aber manche meiner Erfahrungen zeigen, daß je mehr sich ein Mann für eine Frau interessiert, desto mehr verhält sie sich zurückhaltend, obwohl sie ihn gar nicht so schlecht findet und sie auch lange nach einem Partner sucht.
Das hat sehr oft nichts mit dem Mann selbst zu tun.
Vielleicht hat so eine Frau eine schlechte Beziehung hinter sich, die sie nicht wiederholen möchte und deswegen reagiert sie zuerst übervorsichtig.
Oder sie wurde vielleicht von Männern oft verlassen und hat jetzt Angst, eine neue Beziehung anzufangen und reagiert deshalb überempfindlich.

□ **Die Körpersprache lügt nicht** (das Problem ist natürlich, wie man sie richtig deuten kann, was uns wieder an den Anfang bringt und die Bedeutung vieler Erfahrungen, so klein sie auch seien mögen, nur noch unterstreicht)!

- Wenn Sie mit einer Frau sprechen (in diesem Fall, die Verkäuferin, die Sie mit Komplimenten zu erobern versuchen) achten Sie auf ihre Hände und die ganze Figur bzw. die Körperhaltung. Wenn ihre Arme auf der Brust verschränkt sind, ist das zum Beispiel kein gutes Zeichen.

Neigt sie mit dem Kopf oder mit dem ganzen Körper leicht zu Ihnen, wenn sie spricht oder zuhört? Wenn ja, das ist ein sehr gutes Zeichen.
Steht sie mit ihrem Körper „offen“ oder „halb geschlossen“ zu Ihnen?
Sieht sie Ihnen direkt in die Augen (es muß nicht länger als ein paar Sekunden sein, das genügt vollkommen für den Anfang) oder sieht sie durch Sie hindurch?

Es ist nicht gut, wenn sie ständig Ihrem Blick ausweicht und Sie gar nicht richtig ansieht und ständig herumschaut.

Wie reagiert sie auf eine kleine zufällige Berührung?

Nach dem Gespräch notieren Sie jede Einzelheit darüber. Sehen Sie jetzt, wie wichtig Ihr Notizblock ist?

Wenn Sie später Ihre Notizen lesen, werden Sie die Frauen, die an Ihnen kein Interesse zeigen, gleich aussortieren können.
Besser gesagt, sie werden sich selbst mit ihrer ablehnenden Körpersprache aussortieren.

- Gehen Sie heute noch zu verschiedenen Ärzten (egal welche Fachrichtung) und suchen Sie sich dort ein paar Frauen aus, die Ihnen gefallen.
Unter den Zahnarzt- und Arzthelferinnen oder Sprechstunde-Helferinnen gibt es wunderschöne Frauen und selbst bei den Ärztinnen sollen Sie keinen Halt machen, wenn eine Ihnen gefällt. Notieren Sie nur ihre Namen und wo sie arbeiten (wie gestern).

Die Übung können Sie auf Anwaltskanzleien, Kfz Zulassungstellen, Banken und was immer Ihnen auch noch einfällt, ausdehnen. Es ist nur eine Sache der Motivation und Energie. Wenn Sie beides haben, dann wird es Ihnen an Ideen nicht fehlen. Frauen kann man überall finden.

□ **Sie können es!**

- Sprechen Sie zwischendurch (spätestens auf dem Weg nach Hause) **mindestens 10 Frauen** wie bisher an und versuchen Sie eine oder zwei Telefonnummer zu bekommen oder sich sogar gleich zu verabreden. Je mehr Ablehnungen, desto besser.
Verteilen Sie ein paar Ihrer Visitenkarten unter den Frauen, bei denen Sie das Gefühl haben, daß sich das auch lohnen würde. Merken Sie, wie sicher Sie inzwischen geworden sind?

- Werten Sie später zu Hause die heutigen Resultate aus und vergleichen Sie sie mit den Resultaten von den letzten drei Tagen.

Antworten Sie auf die folgenden Fragen:

Bin ich mit dem heutigen Tag zufrieden? Wenn ja, oder nein warum?

Habe ich heute Angst gehabt? Wenn ja, wovor?

Haben mir die heutigen Übungen etwas gebracht? Wenn ja, was?

Ist es schwieriger oder leichter, als ich dachte?

Habe ich mich heute zu einem Narr gemacht? Wenn ja, warum?

Hat sich in diesen vier Tagen etwas verändert in dem Umgang mit meinen Eltern, Freunden, Nachbarn usw. Wenn ja, was?

Vergleichen Sie die Antworten mit den Antworten vom letzten Mal.

- Nachdem Sie sich etwas ausgeruht und entspannt haben, telefonieren Sie wieder (vorausgesetzt Sie haben heute eine oder zwei Telefonnummern bekommen).
Notfalls können Sie auch Ihre Arbeitskollegin anrufen und ihr endlich sagen, wo Ihr Problem liegt.
Erklären Sie ihr, daß Sie seit Monaten unsterblich in sie verliebt sind, und daß es so nicht weitergehen kann.
<u>Nur sie kann Ihre „Krankheit“ heilen.</u>
Geben Sie ihr Zeit, über diese Worte nachzudenken und plaudern Sie noch eine Weile mit ihr über andere Sachen.

- Lernen Sie weitere 10 Witze auswendig und gehen Sie heute abend aus.
Langsam und unbemerkt ist die Zeit gekommen, in der Sie sich noch mehr bemühen müßten. Wenn Sie meinen, bis jetzt genug getan zu haben, dann haben Sie sich getäuscht.
Sie haben sich bis jetzt nicht einmal warm gemacht.

- Gehen Sie ziemlich früh aus (schon ab 20 Uhr).
Kleiden Sie sich so, wie immer. Keine große Veränderungen.

Es ist wichtig, daß Sie entspannt und locker bleiben.
Heute abend werden Sie eine Technik lernen, die ich „wie die Katze um den heißen Brei“ genannt habe.
Abends (in Cafés, Diskotheken oder Kneipen) ist etwas leichter eine Frau anzusprechen, aber viel schwieriger ihr vorzumachen, daß ihr Treffen „zufällig“ ist (wie tagsüber).

Frauen sind abends mehr vorbereitet und komplizierter, so daß wir uns noch mehr bemühen müssen. Machen Sie die folgende Übung wie alle bisherige und zukünftige, allein (ohne Freunde) und trinken Sie keinen Alkohol.

- Gehen Sie in eine Szene-Kneipe, die normalerweise von vielen Frauen besucht ist. Nehmen Sie Platz an einem größeren Tisch mit drei oder vier Stühlen (das ist der Grund warum Sie so früh ausgehen sollen) und geben Sie die Stühle im Verlauf des Abends nicht weg.

Erlauben Sie keinem Mann oder Paaren am Tisch Platz zu nehmen. Warten Sie bis zwei oder drei Frauen zusammenkommen und fragen, ob die Plätze frei sind.
Viele Frauen (die keinen Freund haben) gehen abends meistens in Gruppen von zwei oder drei aus.
Manchmal wird dabei auch ein guter Freund sein, ein Mann, den sie nur so herumschleppen, aber der keine Konkurrenz für Sie ist.
Erlauben Sie den Damen Platz zu nehmen mit folgenden oder ähnlichen Worten (es ist sehr wichtig sofort aufzufallen):

Die Plätze sind frei, weil mich alle verlassen haben. Für so schöne Frauen wie euch drei (oder zwei) ist ein Platz natürlich frei (in solchen Lokalen redet man meistens per du, aber das müssen Sie selbst entscheiden).
Mit solchen Worten werden Sie bestimmt auffallen.
Die Damen werden wahrscheinlich sehr schnell ihre Blicke wechseln, und das ist gut so, weil das zeigt, daß sie Sie bemerkt haben (ob sie auf einen Spinner oder einen interessanten Mann gestoßen sind, das wissen sie noch nicht, da gibt es sowieso keine klaren Grenzen). Wie schon gesagt, auch wenn ein Mann anwesend ist, ist das in Ordnung.

- Falls eine Frau dabei ist, die Ihnen gefällt, achten Sie in den ersten 20 Minuten überhaupt nicht auf sie!
Vermeiden Sie sogar sie anzuschauen! Konzentrieren Sie sich auf eine andere, die Ihnen nicht gefällt und sprechen Sie sie nach ein paar Minuten „unauffällig" an.
Dies wird die Neugier der anderen am Tisch erwecken. Reden Sie leise oder flüstern Sie dabei. Fragen Sie sie ungefähr so etwas:
Kannst du mir bitte sagen ob deine Freundin, die neben dir sitzt, einen Freund hat?
Wenn die Antwort ***„Warum"*** oder ***„Nein, sie hat keinen Freund"*** kommt, sagen Sie dann weiter:
Sie gefällt mir sehr. Ich möchte sie gerne kennenlernen, bin aber zu schüchtern und das ist mein großes Problem. Kannst du mir irgendwie helfen?
Wenn sich herausstellt, daß sie doch einen Freund hat, dann brechen Sie natürlich die Übung ab. Sie haben nicht einmal einen Korb bekommen, weil Sie sie nicht direkt gefragt haben, sondern ihre Freundin.
Wenn sie keinen Freund hat, sagen Sie weiter so etwas wie:
Kannst du mich deiner Freundin vorstellen? Ich bin ...z.B. Peter. Die anderen Frauen werden inzwischen neugierig werden und sich fragen, was da abläuft. Die Frau, die Ihnen gefällt ahnt noch nicht, daß sie die eigentliche Kandidatin ist.
Jetzt werden Sie (zu 99%) vorgestellt, wie z.B.:
Lisa , darf ich vorstellen, das ist Peter. Peter, das ist Lisa.
Geben Sie ihr feierlich die Hand und lächeln Sie unschuldig.
Die Dame wird wahrscheinlich sehr überrascht oder verwirrt sein, und ihre Neugier wird noch größer werden.
Versuchen Sie dann eine ganz „normale" Unterhaltung zu führen und zeigen Sie, daß Sie Humor haben, wie z.B. :
Ich komme seit vierzig Jahren in diese Kneipe (die Kneipe ist natürlich höchstens fünf Jahre alt) ***und habe euch bis jetzt noch nie gesehen. Warum? Auf jedem Fall, freut es mich sehr euch jetzt kennengelernt zu haben, und besonders dich Lisa. Als ich vor zwanzig Minuten gesehen habe, wie du herein gekommen bist, ist mein Herz stehen geblieben. So eine wunderschöne Frau habe ich lange nicht gesehen.***
Nach so einem Kompliment wechseln Sie schnell das Thema.
Was für Musik magst du Lisa? Und du? (Gemeint ist ihre Freundin.)

Habt ihr gestern im Fernsehen den Horrorfilm gesehen, na wie hieß er noch? Ich konnte danach die ganze Nacht nicht einschlafen. Eigentlich mag ich keine Horrorfilme. Ich weiß nicht warum ich ihn angeschaut habe, vielleicht weil ich mich in der letzten Zeit so einsam fühle. Was für Filme magst du, Lisa?

- Die Unterhaltung wird sich langsam weiterentwickeln. Nach etwa zehn bis fünfzehn Minuten entschuldigen Sie sich kurz und gehen Sie auf die Toilette. Bestellen Sie im Vorbeigehen an der Theke Getränke für alle an Ihrem Tisch.
Das Verlassen des Tisches für kurze Zeit ist enorm wichtig! So lange Sie weg sind, werden die Damen nur über Sie reden (sie haben gar keine andere Wahl)!
Ihre Kandidatin wird erst jetzt erfahren, daß Sie sich für sie interessieren. Alle am Tisch werden gespannt darauf warten, was Sie als Nächstes unternehmen werden.

- Wieder zurück am Tisch, unterhalten Sie sich ungezwungen weiter, allerdings konzentrieren Sie sich jetzt ganz offen auf Ihre Kandidatin und versuchen Sie, ihr ein paar Mal tief in die Augen zu schauen (nicht zu lange!).
Wenn die Dame das Spiel mitmacht, dann haben Sie mehr als nur den ersten Schritt erreicht. Sie haben eine mögliche Freundin kennengelernt und bei ihr schon etwas Interesse erweckt! Und nur vor einer halben Stunde saßen Sie ganz allein und traurig am Tisch.

- Erzählen Sie zwei oder drei gute Witze.
Wenn die Damen gut reagieren, erzählen Sie dann weitere Witze, wenn nicht, dann wechseln Sie das Gesprächsthema und kommen Sie zu dem eigentlichen Punkt, der Sie tatsächlich interessiert (zu dem Thema sollten Sie auch nach der Erzählung von Witzen kommen). Sagen Sie laut (so, daß alle am Tisch Ihre Worte hören können) ungefähr so etwas:
Lassen wir uns für einen Moment ernst sein. Ich muß dir (Lisa) gestehen, daß du mich wahnsinnig interessierst. Irgendwie hast du mich in so kurzer Zeit fasziniert und das finde ich nicht fair. Es ist einfach zu schnell. Warum hast du das gemacht?
Bei so einer ehrlichen und direkten Art wird kaum eine Frau sofort negativ reagieren.

Frauen lieben mutige Männer und Ihre Kandidatin wird sich in so einem Moment besonderes geschmeichelt fühlen, daß sie, bei Ihren Eroberungsversuchen, auch noch ein „Publikum“ hat.
Seien Sie bereit für die folgenden möglichen Anworten von ihr:
Ich weiß es nicht (die Dame fühlt sich etwas überrumpelt aber doch angenehm überrascht).
Machst du immer noch Witze?
Ich habe gar nichts gemacht.
Was habe ich gemacht?
Das glaube ich dir nicht.
Du bist vielleicht ein Spinner (das wird aber auf keinen Fall böse oder ernst gemeint sein).

Erfahrungsgemäß kann es zu einem kleinen Gelächter kommen oder auch umgekehrt, zu einem kurzem Schweigen, was Sie nicht beunruhigen soll.
Betrachten Sie das Ganze als eine Übung und machen Sie das Beste aus der Situation. Sie können auch viel Spaß dabei haben, es liegt nur bei Ihnen.

□ **Sie können es!**

- Nach kurzer Zeit lenken Sie das Gespräch wieder in eine andere Bahn und reden Sie über alltägliche Dinge, wie z.B. über den Film „Casablanca“ und dem Schauspieler Humphry Bogart, oder über die Emanzipation der Frauen, über Kochen und darüber, wie man auch vegetarisch gut essen kann.
Ihre Angebetete wird sich wundern, wie schnell Sie die Gesprächsthemen wechseln und sich fragen, was Sie „eigentlich von ihr wollen“. Dadurch wird ihr Wunsch, Sie näher kennenzulernen noch stärker werden.

- Wenn sich der Abend zu Ende neigt, kommt langsam die Zeit, Ihr Vorhaben zu Ende zu bringen.
Schlagen Sie vor, den Rest des Abends irgendwo anders zu verbringen, in einer Diskothek oder einem Restaurant, bei einem langen Spaziergang zusammen mit den anderen usw.
Wenn das abgelehnt wird, schlagen Sie vor, sich morgen abend in derselben Kneipe zu treffen.

Wenn dies auch nicht klappt, aus welchem Grund auch immer, dann fragen Sie Lisa nach ihrer Telefonnummer und wenn sie sie nicht geben möchte (was ich stark bezweifle), geben Sie ihr schließlich Ihre Visitenkarte mit den folgenden oder ähnlichen Worten:

Ich möchte dich so gerne besser kennenlernen und ich weiß zufällig, daß man eine Frau mindestens dreimal nach der ersten Verabredung fragen soll.

Falls du mich irgendwann anrufst werde ich dich noch zweimal fragen. Selbst dann, kannst du den Telefonhörer immer noch auflegen und die Verbindung für immer abbrechen, ohne Gefahr, daß ich dich überhaupt wieder finden und „weiter belästigen" kann.

Ich danke dir für den heutigen, so schönen Abend.

Die Dame wird darüber sehr viel nachdenken. Diese und ähnliche Worte werden sie so stark beeinflussen, daß sie sich sehr wahrscheinlich tatsächlich melden wird!

- Gehen Sie danach in eine Diskothek und machen Sie dieselbe Übung und Technik mit einer weiteren Kandidatin Ihrer Wahl.

Suchen Sie sich eine Frau aus die Ihnen gefällt und achten Sie darauf, daß sie in Gesellschaft mindestens einer Freundin ist.

Bei der ersten Gelegenheit, wenn sie zur Tanzfläche oder Toilette geht, sprechen Sie ihre Freundin an und bitten Sie sie um Hilfe.

Wenn die Kandidatin zurückkommt, wird sie Ihnen von ihrer Freundin vorgestellt.

In einer Diskothek ist es meistens zu laut um sich vernünftig unterhalten zu können und deshalb fragen Sie Ihre Auserwählte gleich und direkt (aber immer noch in Anwesenheit ihrer Freundin) ob sie mit Ihnen kurz nach draußen gehen möchte, damit man sich besser unterhalten kann.

Das kann ungefähr so lauten:

Ich beobachte dich seit Wochen und bis jetzt habe ich nie Mut gehabt, dich anzusprechen. Wie heißt du?

Sabine? Hast du heute abend sechs, sieben Stunden Zeit für mich? Das ist nur ein Scherz. Aber Spaß bei Seite, hast du einen Moment Zeit für mich? Können wir für ein paar Minuten nach draußen gehen und uns in Ruhe unterhalten?

Drei von fünf Frauen werden mit Ihnen nach draußen gehen!
Draußen fangen Sie gleich mit Fragen an. Zeigen Sie großes Interesse an ihr und ihrem Leben.
Ihre Bewunderung sollte ohne Grenzen sein (haben Sie keine Angst vor Übertreibungen denken Sie nur daran, wie sehr Sie sich diese Frau, die jetzt vor Ihnen steht als Ihre Freundin wünschen).

Wenn die Dame nicht mit Ihnen nach draußen gehen möchte aber doch eine gewisse Neugier und Interesse zeigt, dann führen Sie natürlich Ihre Eroberung auch in der Diskothek fort.
Während Sie ihr ins Ohr schreien, kann Ihr gutes Rasierwasser endlich zur Geltung kommen.

Bei einer sofortigen Ablehnung (kommt selten vor) lassen Sie sich nicht aus der Fassung bringen, sondern fragen Sie ruhig weiter nach einer anderen Gelegenheiten, sich mit ihr zu treffen und nach der Telefonnummer, z.B.:

Wenn du mir deine Telefonnummer gibst, verspreche ich dir, dich nicht mehr als zehnmal täglich anzurufen. Ist das nicht was? Ehrlich, ich muß einfach deine Telefonnummer haben.

Wenn hier eine Absage kommt, bleiben Sie weiterhin ruhig (eine Absage ist auch ein Teil der Übung) und geben Sie der Dame Ihre Visitenkarte mit den folgenden oder ähnlichen Worten:

Ich meine es wirklich ernst mit dir. Ruf mich doch an, wenn du Zeit dafür findest. Ich habe um jeden Preis versucht, irgendwie komisch zu sein, nur um meine Schüchternheit zu verbergen. Ob es mir gelungen ist, weiß ich nicht. Mein Großvater war ein großer Künstler, er war nämlich ein Clown!

Damit Sie diese Übung besser verstehen können, gebe ich hier noch eine Erfahrung aus meinem Leben weiter:

♣ Magdalena habe ich in einer Diskothek auf ähnliche Art und Weise kennengelernt. Ich war an dem Abend allein und schaute mich gerade um, ob ich jemanden kenne, als ich sie auf der Tanzfläche erblickte.

Eine wunderschöne Blondine, die sehr temperamentvoll und ziemlich gut tanzte, ohne auf anderen zu achten. Es schien, daß die ganze Tanzfläche nur ihr gehörte. Ihre Schönheit fiel mir sofort auf und genauso, daß sie keinen männlichen Begleiter hatte, zumindest war keiner zu sehen in diesem Augenblick.
Da ich leider kein guter Tänzer bin, wartete ich geduldig bis sie nach gewisser Zeit zu ihrem Tisch zurückging, an dem bereits ihre Freundin und ein Pärchen saßen.
Obwohl ich sie die ganze Zeit beobachtet hatte, würdigte sie mich keines einzigen Blicks, was mich nur noch mehr herausforderte sofort etwas zu unternehmen.
Bevor ich noch schnell überlegen konnte, was und wie ich es tun soll, befand sie sich schon wieder auf der Tanzfläche. Ich begriff natürlich, daß sie entweder ein richtiges Energiebündel war, oder sie ging nicht so oft aus und jetzt wollte sie sich austoben und alles „Verpaßtes" nachholen.
Diese Überlegungen halfen mir natürlich nicht weiter. Ich hatte sie bis dahin noch nicht kennengelernt und damit dies kein Wunschdenken bleibt, mußten noch Taten folgen.
Bei der ersten Gelegenheit nahm ich am Nebentisch Platz und konzentrierte mich auf Magdalenas Freundin, die anscheinend genau wie ich keine gute Tänzerin war und sich lieber mit dem Pärchen am Tisch lebhaft unterhielt, woraus ich erkennen konnte, daß sie sich gerne mit anderen unterhält, was in diesem Moment für mich sehr wichtig war.
Die Tische waren nicht weit auseinander gestellt, und trotz lauter Musik bekam ich von ihrer belanglosen Unterhaltung fast alles mit. Ich wartete auf einen günstigen Moment um sie anzusprechen, aber sie redete und redete wie ein Wasserfall.
Endlich nahm sie einen Schluck Cola und drehte sich halbseitig zu mir hin und schaute sie sich um, als ich sie plötzlich fragte (plötzlich natürlich nur für sie):
„Kannst du mir bitte sagen wie deine Freundin heißt?"
„Wie bitte? Welche Freundin?"
„Die Blondine, die mir ihren blonden Locken wie ein Engel aussieht", *sagte ich und zeigte mit dem Kopf zur Tanzfläche.*
„Sie heißt Magdalena. Und warum?"
„Nur so... ich finde sie sieht ganz hübsch aus. Sie hat große Ähnlichkeit mit Marilyn Monroe, nicht wahr?"

„Finde ich nicht“, sagte sie und schien dies ehrlich zu meinen, aber sie betrachtete ihre Freundin natürlich mit ganz anderen Augen als ich.
„Also sie heißt Magdalena. Danke für die Information.“
„Nichts zu danken.“
Sie wandte sich wieder dem Pärchen zu und ich nippte an meinem Getränk. Der Köder war geworfen, jetzt mußte ich nur noch auf die Magdalenas Reaktion warten.
Sobald sie wieder zurück war, erzählte ihr ihre Freundin natürlich sofort, was ich gefragt und was ich über sie gesagt hatte.
Zum ersten Mal an diesem Abend schaute mich Magdalena etwas neugierig, aber nicht länger als ein paar Sekunden an. Ich sah ein kleines Lächeln auf ihren Lippen.
Ich überlegte gerade, wie ich weiter vorgehen sollte, als sie wieder zur Tanzfläche ging, diesmal dessen bewußt, daß ich sie beobachte.
Das Spiel wiederholte sich noch zweimal, sie kam zurück, trank einen Schluck Cola, schaute mich für ein paar Sekunden neugierig an und ging wieder tanzen. Bei zweitem Mal nahm sie das Pärchen mit. *„Jetzt oder nie!“* dachte ich, nahm mein Getränk und ging zu ihrer Freundin hinüber.
„Darf ich mich zu dir setzen? Ich hoffe, daß ich dich nicht störe. Ich möchte dich noch etwas fragen.“
Sie zuckte mit den Achseln in der Art „warum nicht, setzt dich doch, es ist mir egal...“
„Darf ich dir ein Drink bestellen?“
„Das darfst du, aber sei bitte nicht so höflich und formell.“
„Jawohl Oberlehrerin“ sagte ich und reichte ihr die Hand. ***„Ich heiße Daniel und du ?“***
„Ich heiße Agnes“, sagte sie und lächelte. ***“Du bist vielleicht ein Spinner.“***
„Und was für einer!“ konterte ich, ***„hör zu, was ich dich fragen wollte...“*** Zwanzig Minuten später kam Magdalena zum Tisch zurück. Ich kannte Agnes inzwischen besser als einige meiner Schulfreundinnen, mit denen ich Jahrelang in derselben Klasse zusammen war.
„Darf ich vorstellen...“ begann Agnes uns bekannt zu machen. Unsere Blicke trafen sich. Drei Stunden später durfte ich Magdalena nach Hause begleiten.

Am Hauseingang bekam ich einen kleinen, flüchtigen Kuß und ihre Telefonnummer.

Meine kleinen Abenteuer interessieren Sie vielleicht nicht so sehr, und deshalb zurück zu unserer Übung.

- Sie können diese Übung noch ein- oder zweimal in einer anderen Diskothek oder Kneipe wiederholen und dann nach Hause gehen.

- Sie haben heute abend einige Frauen kennengelernt und ein paar Telefonnummern bekommen und fühlen sich jetzt glücklich und erleichtert, und das ist gut so.
Falls Sie keine Telefonnummer bekommen haben, seien Sie trotzdem stolz auf Ihren Mut!
Sie sind über Ihren eigenen Schatten gesprungen und haben so oder so eine sehr gute Arbeit geleistet! Gratulation!

* * *

Der fünfte Tag - Freitag

□ Alles wird gut!

- Begrüßung auf dem Weg zur Arbeit wie gehabt.

- Reden Sie auf der Arbeit mit Ihrer Kollegin über Ihre Gefühle ihr gegenüber.
Es ist durchaus möglich, daß Sie eine angenehme Überraschung erleben.
Versuchen Sie sich mit ihr für heute oder für morgen abend zu verabreden.
Selbst wenn sie Ihre Gefühle nicht so ernst nimmt und sie nicht gleich erwidert, geben Sie nicht so leicht auf, schließlich (in diesem Fall) haben Sie genug Zeit.
Ihre Kollegin wird wahrscheinlich weiterhin in derselben Firma, oder?

- Rufen Sie wieder den Blumenladen an und veranlassen Sie, daß die Damen von gestern auch ihre Blumen bekommen (heute und am Montag).

- Auf dem Weg nach Hause sprechen Sie **mindestens 10 Frauen** an. Versuchen Sie eine oder die andere kennenzulernen. Je mehr Ablehnungen, desto besser.

- Lernen Sie zu Hause mindestens 5 oder 10 neue Witze auswendig.

- Machen Sie ein paar Telefonate.
Bereiten Sie sich vor jedem einzelnen Gespräch sorgfältig vor.
Frauen telefonieren sehr gern und reden lange dabei.
Sorgen Sie dafür, daß Sie genug Gesprächsstoff haben, falls die Unterhaltung ins Stocken gerät.
Schreiben Sie alles, worüber Sie reden möchten schon vorher auf!

- Gehen Sie früher aus und wenden Sie die Technik von gestern an. Viel Glück!

* * *

Der sechste Tag - Samstag

□ **Alles wird gut!**

Haben Sie gut geschlafen? Auch ausgeschlafen? Wie war es gestern abend?
Richtig. Sie haben verstanden. Gestern war die eigene Initiative gefragt und deswegen waren die Anweisungen etwas magerer als sonst.
Sind Sie zurechtgekommen?

Seit gestern haben Sie Ihr Schicksal endgültig in Ihre eigenen Hände (zumindest was Frauen betrifft) genommen!

- Gehen Sie heute schon um 10 Uhr in das Stadtzentrum, wo verschiedene Einkaufstrassen und Einkaufspassagen sind.

- Lassen Sie sich genug Zeit bevor Sie eine Frau, die Ihnen gefällt ansprechen.
Lassen Sie sich alle Ihre Erfahrungen, die Sie in den vergangenen Tagen gesammelt haben, durch den Kopf gehen.
Jetzt wird sich zeigen, ob Sie ernsthaft und genug geübt haben.

Heute wenden wir eine etwas andere Technik an, die ich schon einmal erwähnt habe, und wenn Sie das Buch konzentriert gelesen haben, dann wissen Sie bereits worum es geht.
Die Technik ist einfach und was noch wichtiger ist, sie funktioniert ganz gut.

- Gehen Sie entschlossen zu Ihrer Auserwählten mit einem Lächeln auf den Lippen und sagen Sie begeistert:
Hallo, Frau Schmidt (Grabner, Elsner oder Monika, Sabine, Silke usw. wenn die Frau jünger ist)! Es freut mich sehr, Sie (dich) heute wiederzusehen! Ich habe immer wieder gehofft, Sie (dich) mal wieder zu treffen. Und endlich heute! Was für ein Tag! Wie geht es Ihnen (dir)?
Stellen Sie sich vor, Sie wären ein Schauspieler, der für sein nächstes Stück auf der Straße fleißig und begeistert übt.
Sind wir nicht alle Schauspieler auf der Bühne dieser Welt?

Seien Sie konzentriert und erleben Sie jeden Augenblick hundertprozentig bewußt.
Sie können jede Menge Spaß haben, es liegt nur bei Ihnen!
Es kann sowieso nichts Schlimmes passieren.
Eine Verwechslung findet sehr oft statt.
Frauen lesen darüber in billigen Liebesromanen, weinen im Kino wenn sie einen kitschigen, romantischen Liebesfilm sehen und halten solche Situationen für durchaus möglich und wenn dann so etwas auf der Straße tatsächlich passiert, sind sie meistens sehr erfreut und amüsiert darüber.

Samstagvormittags ist die Zeit zum Entspannen, Einkaufen, Spazierengehen, andere Leute treffen usw.
Viele Single Frauen sind in dieser Zeit auf Straßen und in Kaufhäusern zu treffen.

- Sie wissen selbst, welche Antwort nach so einem Auftritt kommen könnte:
Ich bin nicht Frau Schmidt und wir kennen uns nicht.
Schauen Sie Ihre Gesprächspartnerin ernst und etwas verwirrt an und fragen Sie weiter:
Haben Sie vielleicht eine Schwester, die Ihnen sehr ähnlich ist? Oder sind Sie doch die Frau Schmidt, nur möchten Sie das nicht zugeben? Warum eigentlich?
Versuchen Sie unsicher zu klingen, aber auch entschlossen zu sein „die Wahrheit" herauszufinden.
In diesem Moment ist Ihre Kandidatin auch nicht ganz sicher, was Sie von ihr wollen (ist das wirklich eine Verwechslung oder eine billige Anmache) aber sie wird bestimmt ganz schnell reagieren wie z.B.:
Nein, ich habe keine Schwester (ich habe eine Schwester aber sie ist mir gar nicht ähnlich). Ich kenne Sie hundertprozentig nicht! Entschuldigung, ich muß jetzt weiter gehen...
Sagen Sie ruhig und entschlossen (und vor allem sehr ernst oder sogar traurig):
Aber ich bitte Sie... Sie können mich doch nicht schon wieder allein lassen wie letztes Mal. Wie lange ist das schon her? Drei oder vier Monate? Hätten Sie jetzt noch etwas Zeit? Darf ich Sie zu einem Drink einladen?

Und wieder, spätestens jetzt, wird sich die angesprochene Frau entscheiden müssen, ob sie das Spiel mitmacht oder nicht.
Wenn sie keinen festen Partner hat und neugierig genug ist zu erfahren, was hier eigentlich los und wer diese geheimnisvolle Frau Schmidt ist, dann haben Sie ganz gute Chancen.
Manche Skeptiker werden vielleicht an solche einfachen Methoden nicht glauben wollen, und daß so ein einfacher Trick gute Resultate hervorbringen könnte, aber ich versichere Ihnen, daß zwei von zehn angesprochenen Frauen hier positiv reagieren werden.
Ob Sie, als Anfänger bei ihnen auch weiteres Interesse entwickeln können, das ist natürlich was anderes.
Weise Menschen würden an dieser Stelle sagen: ***Probieren geht über Studieren!***

- Beim Kaffeetrinken kann sich ungefähr so ein Gespräch entwikkeln:
Im ersten Moment war ich hundert Prozent sicher, daß Sie die Frau Schmidt sind. Jetzt nicht mehr, wissen Sie warum nicht? Weil Sie viel, viel schöner, als Frau Schmidt sind! Und sie hat mir damals sehr gut gefallen. Wie ist Ihr Name?
Reden Sie danach über ganz normale und tagtägliche Sachen und fügen Sie unbedingt ein oder zwei Komplimente hinzu:
Ich kann es kaum fassen, daß ich so eine schöne Frau, wie Sie durch so einen Zufall kennengelernt habe!
Wenn sie über die Frau Schmidt und die ganze Geschichte mehr erfahren will, dann antworten Sie ungefähr so:
Ich kann Ihnen das leider noch nicht sagen... vielleicht irgendwann, wenn wir uns besser kennenlernen... und das werden wir hoffentlich. Das Schicksal hat uns zusammengeführt... Glauben Sie an Schicksal?
Stellen Sie gewöhnliche Fragen über sie und ihr Leben und zeigen Sie ein großes Interesse für alles, was sie sagt!
Nach dem Austausch der Telefonnummern (noch besser ist es natürlich, wenn Sie sich gleich mit ihr für heute oder morgen abend verabreden können) verabschieden Sie sich höflich und machen Sie diese Übung weiter.

- Zwischendurch statten Sie „Ihren Verkäuferinnen" einen Besuch ab, aber ohne sich dort länger aufzuhalten.

Es ist nur wichtig, daß Sie bemerkt werden.
Für Verkäuferinnen ist ein Samstagvormittag alles andere als ein Tag zum Entspannen. An dem Tag ist viel zu tun und sie stehen manchmal sehr unter Streß, aber sie werden sich wieder einmal über Ihren Besuch freuen und sehr geschmeichelt fühlen. Das wird das Selbstwertgefühl dieser Frauen aufbauen und bewirken, daß sie sich wenigstens für eine kurze Zeit begehrt und schön fühlen. Das Leben wird für sie interessanter und glücklicher werden.

- Lernen Sie nach Ihrer eigenen Initiative und Methode noch ein paar Frauen kennen und vergleichen Sie die Resultate. Ihre eigenen Ideen sind sehr wichtig.
Die Hauptsache ist, daß Sie weiterhin fleißig üben und Erfahrungen sammeln.
Bald wird die Zeit kommen in der Sie automatisch und ohne irgendwelche Vorbereitungen Frauen, die Ihnen gefallen, sofort und problemlos kennenlernen können. Dies wird keine leere Automatik werden, sondern richtige Spontaneität.
Sie sehen z.B. eine wunderschöne Frau auf der Straße, im Café, Park oder Kaufhaus usw. und bevor Sie richtig nachdenken können, haben Sie sie schon völlig natürlich und ungezwungen angesprochen!
Zwanzig Minuten später sitzen Sie schon mit ihr zusammen und trinken Kaffee oder essen Eis und genießen ihre Gesellschaft!

- Lernen Sie dann zu Hause neue Witze auswendig.

- Rufen Sie ein paar Frauen an, von denen Sie die Telefonnummern bekommen haben und versuchen Sie, sich für heute abend zu verabreden. Wenn das nicht so schnell geht, dann verabreden Sie sich für das nächste Wochenende.

- Gehen Sie heute abend wieder in eine Diskothek und machen Sie die Übung von gestern weiter (nur mit einem kleinen Unterschied, aber der Prinzip ist derselbe).
Sprechen Sie die Frau , die Ihnen gefällt an und sagen Sie ihr, daß Sie sich für ihre Freundin interessieren, obwohl Sie sich in Wirklichkeit für sie, d.h. für die angesprochene Frau interessieren.

Alles klar?

Das kann ungefähr so verlaufen:
Sie sehen zwei oder drei Frauen an einem Tisch sitzen, entscheiden sich für eine und fragen sie:
Entschuldigung darf ich dich etwas fragen?
Ja? Was ist?
Würdest du mich bitte mit deiner Freundin bekannt machen?
Ich? Ich kenne dich doch gar nicht und vor allem du kannst das doch selbst tun, oder?
Aber ich bitte dich doch, es ist sehr wichtig!
Na, gut... Wie heißt du?
Ich bin (z.B.) Stefan. Ich bin ein Hobbypoet.
Renate darf ich dir vorstellen... das ist Stefan und er möchte dich gern kennenlernen. Stell`dir vor, er ist ein Poet!
Ein Hobbypoet. Es freut mich sehr, dich kennenzulernen Renate. Habt ihr beide ein Hobby? Und wie ist dein Name?
Ich heiße Natja. Ich habe kein Hobby. Nicht direkt... Was ist das für eine Frage?
Darf ich mich kurz zu euch setzen? Ich bleibe nicht lange.
Ja... warum nicht. Renate, was meinst du?
Ich glaube, wir kennen uns schon, Renate. Arbeitest du nicht in der Apotheke in der Beethovenstraße?
Diesmal geben Sie sich aber keine große Mühe, Renate besser kennenzulernen und vor allem machen Sie ihr keine Komplimente!
Sie haben es in Wirklichkeit auf Natja abgesehen!
Es ist eine wahre Kunst, sich mit einer Frau zu unterhalten und gleichzeitig eine andere zu verführen!
Ihre Kandidatin (in diesem Fall die Natja) wird nichts ahnend ein gesundes Interesse für Sie zeigen und Sie haben hier die Gelegenheit, sich so gut wie möglich zu präsentieren.
Mit Renate gehen Sie nicht zu weit (um ihre Gefühle später nicht zu verletzen) und stellen Sie ihr nur allgemeine Fragen.
Zwinkern Sie gelegentlich Natja zu und lächeln Sie sie an.
In diesem Moment verbindet Sie ein Geheimbündnis mit ihr.
Bei der ersten Gelegenheit, wenn Renate nicht zu Ihnen schaut oder wenn sie auf die Toilette geht, fragen Sie Natja nach der Telefonnummer von Renate.

Eine mögliche Antwort kann ungefähr so lauten:
Ich kann dir ihre Telefonnummer nicht geben. Du kannst sie ja selber fragen!
Sie können darauf antworten: ***Ich glaube nicht, daß sie sie mir geben wird. Außerdem muß ich leider jetzt schon gehen. Bitte versteh mich.***
Trotzdem kann ich dir nicht ihre Telefonnummer einfach so geben...
Ich weiß nicht, ob sie das will.
Sagen Sie dann dazu: ***Na gut, dann gib mir bitte deine Telefonnummer (schnell bevor Renate zurückkommt)!***
Wozu meine Telefonnummer??
Und weiter:
Ach... bitte! Ich möchte dich noch so viel über Renate fragen, habe aber jetzt keine Zeit mehr dazu... sei ein bißchen kollegial und denke an deine Freundin!
Aber ich weiß wirklich nicht, was ich mit der ganzen Sache zu tun habe... könnte Natja sagen.
Zum Schluß sagen Sie ungefähr so etwas: ***Bitte gib mir deine Telefonnummer und ich werde dir morgen alles in Ruhe erklären!***
Natja wird bestimmt neugierig sein und ihre Neugier und Interesse werden so groß, daß sie Ihnen ihre Telefonnummer doch noch geben wird. Dann ist auch die Zeit, sich von den beiden Damen zu verabschieden.

- Machen Sie diese Übung noch zwei oder dreimal in einer anderen Kneipe oder Diskothek.
Wenn Sie schon einmal die Grenze überschritten haben und über Ihren eigenen Schatten gesprungen sind, dann gibt es für Sie kein Zurück mehr!

□ **Sehen Sie jetzt, wie leicht es ist, eine Frau kennenzulernen?**

Haben Sie immer noch Angst davor?

Und Sie tun es trotzdem?

Das ist ein sehr gutes Zeichen! Sehr bewundernswert.

Setzen Sie sich nach der Übungen in eine Ecke und achten Sie auf Ihre Gefühle. Schauen Sie sich die Frauen in Ihrer unmittelbarer Umgebung an. Die Frauen, die am Nebentisch oder an der Theke sitzen und die Frauen auf der Tanzfläche, was sehen Sie? Alle diese Frauen (schön oder weniger schön) sind ganz normale Menschen. Sehen Sie diese wunderschöne Frau rechts neben Ihnen? Sie war früher ein kleines Kind gewesen und sie wird irgendwann eine alte Frau werden. Die Zeit wartet auf niemanden.

Möchten Sie sie gern kennenlernen?

Tun Sie das!!

Achten Sie nicht auf die Technik oder sonst noch was!

Tun Sie das, weil Sie es so wollen!!

Tun Sie es jetzt gleich!

Sagen Sie ihr, daß Sie sie kennenlernen möchten und daß Sie sie sehr schön finden!

Nutzen Sie die Zeit!!!

„Vergeude deine Zeit nicht nach der Suche nach einem Hindernis, vielleicht ist keines da!"
□ **Sie können es!**

- Wenn Sie heute abend fleißig waren, haben Sie jetzt bestimmt noch ein paar Telefonnummern mehr. Gratulation! Mit jedem Tag sind Sie Ihrem Ziel näher. Wissen Sie immer noch was Ihr Ziel ist? Richtig. Endlich eine Freundin zu finden. Sie werden nicht nur Ihr Ziel erreichen, sondern viel mehr. Sie werden Frauen noch mehr als früher lieben und zwar mit dem großen Unterschied, daß Sie sie jetzt auch haben können, wenn Sie das wirklich wollen!

- Gehen Sie beruhigt nach Hause, Sie haben in den letzten Tagen eine hervorragende Leistung erbracht.

* * *

Der siebte Tag - Sonntag

□ **Alles wird gut!**

- Sonntag ist ein Tag wie geschaffen zum Telefonieren. Man kann nie früh genug damit anfangen, aber die beste Zeit ist erst ab 11 oder 12 Uhr, weil viele Frauen natürlich ausschlafen wollen.

- Bevor Sie anfangen zu telefonieren machen Sie wie immer ein Spickzettel bereit für jedes Gespräch, das Sie führen wollen.
Achten Sie diesmal nicht so sehr darauf, daß das Gespräch nach Ihrem Plan verläuft, sondern bringen Sie die Stichwörter nur zum Einsatz, wenn sich das ergibt oder notwendig erscheint (z.B. wenn Sie nicht wissen, was Sie weiter sagen oder fragen sollen).
Ich gehe davon aus, daß Sie in den letzten Tagen mindestens drei Telefonnummern bekommen haben (alles was über dieser Zahl liegt, ist sehr gut).

- Denjenigen wenigen (vielleicht 1%), die bis jetzt keine einzige Telefonnummer bekommen haben, rate ich, die letzten sechs Tage bzw. die Übungen aus diesen Tagen zu wiederholen, bevor sie morgen weitere Übungen machen (sie haben nicht alle bisherigen Übungen mit 100% Einsatz gemacht, was natürlich schlecht und vor allem gegenüber sich selbst, unehrlich ist).
Wenn solche Personen trotzdem weitermachen wollen, (ohne Wiederholungen) dann nur auf ihre eigene Verantwortung für das zukünftige Ergebnis.

- Geben Sie heute Ihr Bestes beim Telefonieren!
Das heißt reden, reden und noch einmal reden in der Form von vielen Fragen, bis sich das Gespräch etwas entwickelt und sich Ihre Gesprächspartnerin gelockert hat.
Danach, genau umgekehrt, nur zuhören, zuhören und noch einmal zuhören (Frauen können am Telefon stundenlang reden).

Hier einige Beispiele:
Ich kenne dich erst seit ein paar Tagen (bzw. seit gestern oder vorgestern) und schon jetzt kann ich nicht mehr ruhig schlafen.

Ich muß ständig an dich denken.
Wie schläfst du in der letzten Zeit?
Träumst du viel? Und was?
Ich habe die letzte Nacht von dir geträumt.
Ja wirklich, hör zu, ich erzähle dir kurz meinen Traum:
Ich habe von tiefem, blauem Meer und einer einsamen Muschel geträumt, die ich mit viel Mühe aus dem kaltem Wasser zufällig herausgefischt hatte.
Die Muschel schämte sich ihrer Häßlichkeit und Verletzbarkeit am Land. Sie wollte zurück ins Meer, wo sie ihre Ruhe und Einsamkeit hatte. Sie führte dort zwar ein unglückliches Leben, aber sie fühlte sich nur dort, tief im Meer sicher. Ich nahm sie trotzdem mit für mein Aquarium.
Mit der Zeit, nach und nach entwickelte sich zwischen uns ein freundschaftliches und vertrauensvolles Verhältnis. In einer schönen Vollmondnacht öffnete sie sich schüchtern und zeigte mir eine kostbare Perle, die seit längerer Zeit in ihr verborgen lag.
Die wunderschöne Perle lag schon so lange verborgen, daß sie sogar von der Muschel selbst vergessen war.
Wegen dieser Perle wurde sie über Nacht bekannt und von vielen bewundert. Sie strahlte jetzt vor Glück und Stolz. Hätte ich sie nicht herausgefischt und nach Hause gebracht, wäre sie bestimmt bis zum Ende ihres Lebens tief am Meeresgrund allein und unglücklich geblieben.
Du fragst mich, was dieser Traum mit dir zu tun hat?
Du bist die wunderschöne Perle die zum Vorschein kommen muß! Die Muschel ist deine ganze Umgebung, die dich verdeckt und würgt. Sie ist dein bisheriges ruhiges und staubiges Leben.
Nein... das habe ich wirklich geträumt und bevor ich eingeschlafen bin habe ich intensiv an dich gedacht. Hast du die letzte Nacht vielleicht etwas Komisches gespürt? Manchmal träume ich auch mit geöffneten Augen und dann sehe ich nur dich! Usw.

- Merken Sie, wieviel Spaß Sie bei so einem Gespräch haben können? Das ist einfach wunderbar.

Vergleichen wir das mit einem „normalen“, trockenen Telefongespräch:

Wie geht es dir? Gut? Ja, mir auch. Was ich dich fragen wollte... Was machst du so? Aha mhmm...ich wollte dich fragen, wie es dir geht und.,. Gibt es was Neues? Bei mir auch nichts. Ich sitze nur so herum. Was ich dich fragen wollte... wie bitte? Warum mußt du auflegen?? Ach, so... verstehe... na dann... wann kann ich dich wieder anrufen? Hallo? Hallo??

- Gehen Sie heute nachmittag spazieren oder gehen Sie irgendwo hin, wo man Sport treiben kann, natürlich nur dort, wo es genug Frauen und nicht nur verschwitzte Männer gibt wie, z.B. in ein Fitneßzentrum, zu einem Tennisplatz oder Hallenbad usw.).

Wenn Sie heute keine Lust haben, dann unternehmen Sie keine Eroberungsversuche (außer harmlosen Flirts).

Laden Sie nur neue Energie auf.

Ab morgen geht es richtig los.

* * *

Der achte Tag - Montag

☐ Alles wird gut!

- Versuchen Sie heute früh mit der Frau, die Sie letzte Woche jeden Tag höflich begrüßt haben, ins Gespräch zu kommen, wie z.B.:

Guten Morgen, warten Sie schon lange (auf den Bus, Straßen- oder U-Bahn usw.)?
Ich habe gehört, daß die Busfahrer heute streiken. Haben Sie auch etwas darüber gehört?
Darf ich Sie kurz etwas fragen?
Ich sehe Sie jeden Morgen und frage mich warum Sie manchmal so traurig aussehen. Ich weiß, daß mich das überhaupt nichts angeht, aber manchmal fühle ich mich auch selbst sehr traurig und allein. Deswegen reagiere ich sehr empfindlich, wenn ich eine „verwandte" Seele sehe.
Wo arbeiten Sie?
Plaudern Sie, wenn möglich noch eine Weile mit ihr und wenn der Bus (die Bahn) kommt, versuchen Sie neben ihr Platz zu nehmen (natürlich nicht zu aufdringlich) und unterhalten Sie sich weiter. Alles muß spontan und nicht geplant aussehen.
Sie sind für Ihre Gesprächspartnerin kein Unbekannter mehr, schließlich hat sie Sie letzte Woche fast jeden Tag gesehen, und sie wird mit großer Wahrscheinlichkeit mit Ihnen weiter reden und dabei auch ihren Spaß haben.
Stellen wir uns so ein mögliches Gespräch vor:
So? Und das ist wirklich Ihr Beruf? Als ich Sie zum ersten Mal gesehen habe, dachte ich, daß Sie vielleicht ein Fotomodel oder eine Schauspielerin sind, auf jedem Fall, daß Sie etwas mit Mode oder mit Film zu tun haben. Warum?
Aber ich bitte Sie... mit Ihrem Aussehen... Sie sehen einfach perfekt aus.
Haben Sie keinen Spiegel zu Hause?

- Verabschieden Sie sich, ohne zu versuchen, sich mit ihr zu verabreden. Frauen lieben geduldige Männer, außerdem Sie werden sie morgen sowieso wiedersehen.

- Heute kommt eine neue, eine sehr effektive Übung, die Sie heute vormittag (während der Frühstücks- oder Mittagspause) oder heute nachmittag nach der Arbeit ausführen können.
Finden Sie eine Bäckerei (ein Café), die gut besucht ist und wo man sitzen kann.
In jeder Stadt gibt es solche Bäckereien (meistens dort, wo sich viele Büros befinden), wo viele Frauen ihre Frühstückspause machen oder nach der Arbeit Kaffee trinken und ein Stück Kuchen essen.
Siebzig Prozent aller Besucher solcher Bäckereien sind Frauen.
Was sagen Sie dazu?
Jetzt kommt das Beste: Nehmen Sie einen ruhigen Sitzplatz in irgendeiner Ecke und Frauen werden von allein zu Ihnen kommen!
Eine nach der anderen werden sie nach einem freien Platz fragen, sich dann zu Ihnen setzen und nachdem sie gefrühstückt haben, weggehen.
Die ganze Übung besteht nur daraus, sich mit ihnen zu unterhalten.
„Schmeckt es Ihnen?“ oder ***„ich wünsche Ihnen einen guten Appetit“*** wird als „normal“, ungezwungen und spontan empfunden (Frauen lieben zufällige Bekanntschaften). Die angesprochene Frau wird sich nicht belästigt fühlen.
Versuchen Sie mit ihr ins Gespräch zu kommen.
Ohne irgendwelchen Zwang, ganz locker, reden Sie über allgemeine Sachen ungefähr so:
Schmeckt es Ihnen? Ich persönlich mag keine Käsebrötchen, weil man dafür meistens Schmelzkäse aus Holland verwendet. Da ist viel zu viel Chemie drinnen und Ähnliches. Glauben Sie mir, ich weiß jede Menge darüber und achte sehr darauf wie ich mich ernähre, weil ich ein Sportler bin.
Welcher Sport? Ich spiele Schach und Sie?
Treiben Sie auch viel Sport? Sie sehen sehr sportlich aus. Kennen Sie den Witz über zwei Sportler und einem Känguruh in australischer Wüste? Nein? Ich auch nicht.
Ich kenne aber viele andere, wie z.B. einen Witz über einem Koch und einer Kuh. Hören Sie zu...
Was machen Sie beruflich? Sind Sie eine Fernsehmoderatorin? Darf ich Ihnen noch einen Kaffee anbieten?
Usw.

Am Ende des Gesprächs (bzw. am Ende des Frühstücks), wenn die Dame weggehen will, sagen Sie ungefähr so etwas:
Es war nett, sich mit Ihnen zu unterhalten, es hat mich sehr gefreut. Wie war Ihr Name noch einmal? Vielleicht sieht man sich wieder, das würde mich noch mehr freuen! Tschüs.
Vergessen Sie nicht, daß das Gespräch eine Übung ist, und wenn es nicht so verläuft, wie Sie sich das vorgestellt haben, machen Sie sich keine Gedanken darüber.
Neue Situationen und neue Erfahrungen machen unser Leben nur noch schöner und interessanter.
Sie können außerdem nichts falsch machen, da Sie sowieso nichts zu verlieren haben.

- Warten Sie, bis sich die nächste Frau zu Ihnen am Tisch gesetzt hat und wiederholen Sie die Übung (vorausgesetzt natürlich, die Dame gefällt Ihnen) und danach noch einmal und noch einmal.

□ **Sie können es!**

Sie werden sehr überrascht sein, zu erfahren, wie gesprächig Frauen sein können, wenn sie sich nicht belästigt fühlen!

- Wenn eine von den Frauen äußerst freundlich und gesprächig ist, versuchen Sie eine Verabredung mit ihr auszumachen oder ihre Telefonnummer zu bekommen.

Notieren Sie danach alle Gespräche.

Hier möchte ich Ihnen gern erzählen, wie ich in so einer Bäckerei eine von meiner zahlreichen Ex-Freundinnen kennengelernt hatte:

♣ Ich hatte die Gewohnheit, sobald ich in der Bäckerei war, mich erst einmal um einen freien Platz zu kümmern und erst dann zu Verkaufstheke zu gehen und mein Frühstück zu bestellen.
So war es auch an jenem Morgen.
Die Bäckerei war proppenvoll.
Ich fand einen freien Platz an einem kleinen Tisch, hing meine Jacke über den Stuhl und stellte mich an der Theke an, wo sich schon eine kleine Menschenschlange gebildet hatte.

In dem Moment kam sie herein und stellte sich hinter mir an. Ein wunderschönes Geschöpf mit schulterlangem, lockigem dunkelblondem Haar, einem hübschen Gesicht und einem Körper, von dem viele Frauen nur träumen können. Sie wühlte nervös in ihrer Handtasche, ohne auf mich zu achten.

„Sie können vor mir gehen, wenn sie es eilig haben", sagte ich ruhig ***„ ich habe genug Zeit."***

„Danke" sagte sie und schenkte mir ein unschuldiges Lächeln.

„Und wenn Sie einen freien Platz suchen, bei mir am Tisch ist zufällig einer frei geworden", sagte ich und deutete mit dem Kopf in die Richtung, wo sich mein Tisch befand.

Sie antwortete nichts, aber schaute dorthin.

Dann bestellte sie etwas zum Essen und eine Tasse Kaffee. Ich wartete ruhig und achtete auf ihre Reaktionen.

Es war fraglich, ob sie zu meinem Tisch gehen würde und wenn nicht, wollte ich sie nicht weiter stören, aber sie tat es.

Mit Käsebrötchen und einem Becher Kaffee in der Hand ging sie entschlossen zu meinem Tisch und setzte sich hin.

„Bingo!" dachte ich und beeilte mich mit meiner Bestellung.

Später am Tisch, aß sie ihre Brötchen hungrig und schien sich nicht besonderes für mich zu interessieren (wie sich ihrer Meinung nach, für ein braves Mädchen gehörte) aber ich wußte, daß dies nur eine normale Schutzreaktion war.

„Sie haben so einen großen und gesunden Appetit", sagte ich ***„so was habe ich schon lange nicht mehr gesehen. Müssen Sie schwer körperlich arbeiten oder haben Sie eine lange Diät hinter sich?"***

„Ich laufe jeden Tag und verbrauche viel Energie", antwortete sie mit vollem Mund.

„So?"

Ich war etwas skeptisch. Sie sah ziemlich zart und sehr weiblich aus.

"Und wie lange joggen Sie jeden Tag?"

„Ich jogge nicht, ich laufe mindestens 10 bis 12 km jeden Tag. Und ab zu nehme ich an einem kleinen Marathon (12-24 km) teil", sagte sie und überraschte mich.

„Das ist nur verlorene Zeit und Energie", sagte ich ***„was wirklich zählt, ist die innere Kraft und Energie und nicht die äußere."***

„Und wie bekommt man diese innere Energie?"
Sie zeigte jetzt etwas mehr Interesse, aber ich wußte noch nicht, ob für mich oder für unser Gesprächsthema.
„Da gibt es mehrere Möglichkeiten. Ich empfehle nur eine", hier machte ich eine kleine Pause um die Spannung zu steigern.
„Und welche?"
„ Yoga. Wer Yoga übt, bekommt innere Kraft, Selbstvertrauen, viel Energie, und, und ..."
„Und Sie üben Yoga?" fragte sie und nahm mit beiden Händen ihren Becher Kaffee. Obwohl sie schätzungsweise mindestens dreißig Jahre alt war, sah sie in diesem Augenblick wie ein Mädchen aus. Ich wußte immer noch nicht, ob sie sich nur fürs Thema oder auch für mich interessierte.
„Ja so ist es", antwortete ich und begann mit Fragen über sie und ihr Leben.
In den nächsten zwanzig Minuten erfuhr ich nach und nach, daß sie geschieden und vierunddreißig Jahre alt ist (ich war damals siebenundzwanzig) und daß sie im Rathaus arbeitete.
Danach kam die Zeit, daß sie gehen mußte und wir verabschiedeten uns wie alte Freunde, ohne daß ich versucht habe ihre Telefonnummer zu bekommen oder eine Verabredung zu vereinbaren.
Ich wußte aber ihren Namen (Christel) und wo sie arbeitet und das genügte mir fürs Erste.
Zwei Tage später ging ich ins Rathaus, in der Hoffnung, sie zufällig zu treffen oder wenigstens zu sehen, aber leider ohne Erfolg. Am nächsten Tag saß ich wieder in der Bäckerei und überlegte gerade , ob ich in den nächsten Tagen vor dem Rathaus auf sie warten sollte, als mich eine Stimme aus meinen Gedanken herausriß.
„Hallo! Ist da noch was frei?"
„ Hallo Christel! Das ist eine schöne Überraschung! Natürlich ist was frei. Setzen Sie sich bitte. Ich war gestern im Rathaus."
„Aha, und warum, wenn ich fragen darf?"
„Das ist eine komische Sache. Ich weiß es nicht warum, vielleicht... Na, ja, ich habe gehofft, Sie zu sehen."
„Wirklich?" fragte sie und schenkte mir ein strahlendes Lächeln. Endlich wußte ich, daß ich gute Chancen bei ihr hatte.
„Ja, wirklich. Sie haben mich verzaubert."
„Aber ich doch nicht", sagte sie und mußte lachen.

„Oh ja! Und wie! Aber ersteinmal wünsche ich Ihnen einen guten Appetit."
„Danke. Ich glaube, wir können uns mit du anreden oder?"
„Aber natürlich! Bei unserer ersten Begegnung habe ich mich nicht getraut, dich zum Essen einzuladen, obwohl ich mir dies so sehr gewünscht habe..."
Sie hörte sehr aufmerksam zu, sagte aber nichts.
„Aber das Schicksal wollte es anders... Vielleicht darf ich dich zum Abendessen einladen, heute oder morgen abend, was meinst du?"
„Vielleicht... ich weiß nicht genau, ob ich heute oder morgen Zeit habe, aber ansonsten warum nicht."
„Dann gib mir bitte deine Telefonnummer und ich rufe dich an."
„Nein, gib du mir lieber deine Telefonnummer. Ich muß mir das noch alles überlegen. Es geht alles zu schnell."
Ich gab ihr meine Telefonnummer und wir unterhielten uns weiter.
Vier Tage später rief sie mich an und wir trafen uns schon am selben Abend in einem schönen Lokal beim Abendessen wieder.

Mit Christel war ich etwa ein Jahr zusammen.

Zurück zu unseren Übungen:

- Später am Nachmittag besuchen Sie „Ihre Verkäuferinnen bzw. Laden- und Boutiqueinhaberinnen".

- Auf dem Weg nach Hause sprechen Sie **mindestens 10 Frauen** an.

- Zu Hause angekommen, versuchen Sie sich zu entspannen und denken Sie in aller Ruhe über die letzten Tagen nach.

Ist es nicht wunderbar, jeden Tag mit Frauen zusammenzusein?

Sehen Sie jetzt, wie leicht es ist, eine Frau kennenzulernen?

□ **Sie können es!**

Lieben Sie Frauen?

Sind Sie immer noch genug motiviert?

Sind Sie mit Ihrem bisherigen Mut und Ihrer Leistung zufrieden?

- Lernen Sie neue Witze auswendig.

- Rufen Sie ab heute jeden Tag Frauen an, von denen Sie die Telefonnummer bekommen haben.

- Ab heute gehen Sie jeden Abend aus.
Gehen Sie in verschiedene Cafés, Kneipen und Restaurants und bleiben Sie dort, wenn Ihnen eine Kellnerin gefällt (man kann sehr schöne Studentinnen finden, die durch so einen Job ihr Studium finanzieren).
Bestellen Sie eine Kleinigkeit zu Essen und trinken Sie keinen Alkohol.

- Bei der Bestellung und nachher bei der Bezahlung versuchen Sie aufzufallen mit diesen oder ähnlichen Fragen (bzw. Komplimenten):

Sind Sie (bist du) neu hier? Egal welche Antwort kommt, fragen Sie schnell weiter:
Ich kann wetten, daß jede Menge Leute hierher kommen, um nur Sie (dich) zu sehen.
Habe ich recht?
Sehen Sie (siehst du) immer so attraktiv aus oder ist heute abend ein besonderer Abend?
Ich meine, nehmen Sie (nimmst du) später noch an einem Schönheitswettbewerb teil oder so etwas?

Wenn Sie dies halb ernst und halb in Scherz sagen, wird sich keine Frau belästigt sondern eher geschmeichelt fühlen.

Sie werden bestimmt auffallen und somit wird sich jede Frau morgen abend an Sie erinnern können, wenn Sie wieder vorbei kommen.

- Seien Sie nicht zu geizig mit dem Trinkgeld. Gehen Sie danach ins nächste Café (Restaurant oder Kneipe) und machen Sie diese Übung mit anderen Kellnerinnen weiter.

- Gehen Sie anschließend nach Hause.

- Wiederholen Sie vor dem Einschlafen, im Geist, den Film „mit dem schwarzen Zahn“ (der inzwischen sehr gewachsen ist) vom Anfang und dann auch vom Ende.

- Bevor Sie einschlafen, denken Sie über alle Frauen nach, die Sie in der letzten Zeit kennengelernt haben und besonders über die, bei denen Sie, Ihrer Meinung nach, eine Chance haben.
Stellen Sie sich ihre Gesichter vor.

* * *

Der neunte Tag - Dienstag

□ **Alles wird gut!**

- Versuchen Sie auf dem Weg zur Arbeit sich wieder mit Ihrer neuen Bekannte zu unterhalten.
Wenn Sie merken, daß sie heute besser geschminkt und gekämmt als gestern ist, oder sogar eine neue Frisur hat, dann ist das ein sehr, sehr gutes Zeichen.
Reden Sie über allgemeine Sachen, erzählen Sie ein paar gute Witze, schauen Sie ihr ab und zu tief in die Augen und machen Sie ein paar Komplimente:

...Ja, ich hoffe auch, daß das Wetter bald besser wird (... daß das gute Wetter noch lange so bleiben wird)... Und dann:
Ich muß Ihnen etwas sagen. Sie sehen heute viel besser als gestern aus und das finde ich nicht fair...
Warum?
Weil ich mich deswegen jetzt gar nicht konzentrieren kann, während ich mit Ihnen spreche.
Wissen Sie überhaupt wie Sie auf Männer wirken? Wenn Sie das wüßten, würden Sie nicht fragen „warum".
Wenn ich Ihnen in Ihre schönen Augen schaue, dann bin ich ganz verwirrt, und genau das, ist nicht fair.
Sie haben bestimmt keine solchen Schwierigkeiten und deshalb sind Sie im Vorteil. Das ist, so zu sagen, ein Heimspiel für Sie.
Schauen Sie ab und zu Fußball ...? Und weiter:
Wie haben Sie die letzte Nacht geschlafen?
Ich habe von Ihnen geträumt ...

- In der Arbeitspause versichern Sie sich, mit einem Anruf beim Blumengeschäft, daß alle Ihre Kandidatinnen (Beamtinnen, Ärztinnen, Arzthelferinnen, Hotelfachfrauen usw.) die Blumen immer noch jeden Tag von einem heimlichen Verehrer (nämlich von Ihnen!) angeliefert bekommen.

- Probieren Sie mal wieder, sich mit der Arbeitskollegin, die Ihnen gefällt zu verabreden.

- Nach der Arbeit besuchen Sie ein paar „Verkäuferinnen“. Gehen Sie wie gestern in die Bäckerei und machen Sie die Übung von gestern wieder. Auf dem Weg nach Hause sprechen Sie **min. 10 Frauen** an.

- Nachdem Sie sich zu Hause ausgeruht haben, telefonieren Sie wieder. Den Spickzettel bereithalten und es geht los ...!

Hallo hier ist... kannst du dich an mich erinnern?
Wir haben uns am Freitag (Samstag, Montag usw.) kennengelernt...
Ja, genau dort war es... die ganze Zeit habe ich nur an dich gedacht.
Nein, ich spinne nicht...
Ich hätte den Mut dich anzurufen fast nicht aufgebracht, aber du interessiert mich so sehr, daß ich mich überwunden habe.
Siehst du, wie positiv du auf mich wirkst? Was machst du jetzt? Ach so...
Immer wenn ich meine Augen schließe sehe ich dein Gesicht vor mir, so wie gestern abend auch.
Hast du vielleicht gestern abend vor dem Schlafengehen eine Gesichtsmaske mit Gurken und Joghurt auf deinem Gesicht gehabt? (Spaß bei der Sache zu haben und humorvoll zu sein ist sehr wichtig.)
Deine Augen finde ich besonders schön, nur deine Nase ist etwas schief oder? (Es müssen nicht immer nur Komplimente sein, besonders wenn die Frau sehr schön ist, ist es manchmal auch gut ihre Unvollkommenheit zu bemerken.)
Erzähle mir bitte alles über dich, von deiner Geburt an bis jetzt, vor ein paar Minuten! Usw. Oder:
Hallo hier ist...wir kennen uns von dem Samstagabend. Ach du weißt das schon! Prima! Nein ich rufe nicht wegen deiner Freundin an.
Es ist etwas sehr Merkwürdiges passiert...
Anstatt an deine Freundin, denke ich die ganze Zeit nur an dich!
Ich kann mir das nicht erklären. Kann es sein, daß du mich ein bißchen verführt hast?

Ein ganz kleines bißchen?
Vielleicht unbewußt?
Um das herauszufinden müssen wir uns noch einmal treffen, was sagst du dazu?
Komm schon, sei kein Feigling!
Wie wäre es mit dem nächsten Freitagabend? Nur du und ich... gegen den Rest der Welt?
Usw.

- „Besuchen" Sie heute abend die Kellnerinnen von gestern abend. Bei der Getränkebestellung sagen Sie ungefähr so etwas:
Ich bin heute abend nur Ihretwegen (deinetwegen) wieder hierher gekommen. Ich will nicht, daß Sie (du) mich falsch verstehen (verstehst), aber ich mußte Sie (dich) einfach wiedersehen!
Haben Sie (hast du) viele Probleme mit männlichen Gästen wegen Ihrer (deiner) Schönheit?
Ich kann mir gut vorstellen, daß die weiblichen Gäste auf Sie (dich) eifersüchtig sind. Ich will Sie (dich) nicht weiter bei der Arbeit stören, jetzt wo ich Sie (dich) wiedergesehen habe kann ich ruhig schlafen. Nein ich mache kein Spaß, das meine ich ernst.
Usw.

- Machen Sie dieselbe Übung in einem anderen Café (Restaurant) und vergessen Sie nicht, genug Trinkgeld zu geben!

- Später zu Hause, bevor Sie einschlafen, denken Sie an alle diese schönen Frauen, die Sie bis jetzt kennengelernt haben.

Ist das nicht wunderbar?

Vor nur neun Tagen haben Sie sich allein und einsam gefühlt, und jetzt haben Sie so viele Möglichkeiten eine Freundin zu finden!

Eine andere, ganz neue, wunderbare Seite dieser Welt hat sich für Sie eröffnet!

Man kann von einer großen Wende in Ihrem Leben reden.

In nur wenigen Tagen haben Sie eine gigantische Leistung erbracht.

Gratulation!

Denken Sie darüber nach, wie dies in so kürzer Zeit möglich geworden ist.

* * *

Der zehnte Tag - Mittwoch

□ **Alles wird gut!**

- Die Früchte Ihrer Arbeit aus den letzten Tagen dürfen langsam reif sein.
Führen Sie heute früh die morgendliche Begrüßung und die Unterhaltung wie gehabt durch, und versuchen Sie sich mit der Dame zu einem Abendessen oder zu einem gemeinsamen Kaffeetrinken zu verabreden. Das kann ungefähr so klingeln:

Ich konnte die ganze Nacht kaum schlafen. Sie haben in diesen paar Tagen, seitdem ich Sie persönlich kenne, irgend etwas mit mir gemacht, was ich nicht verstehe.
So etwas ist mir noch nicht passiert.
Kann ich Sie zum Abendessen einladen?

- Gehen Sie heute auch mit den „Verkäuferinnen" in die Offensive, und ich bin mir hundertprozentig sicher, daß eine oder die andere Dame mit Ihnen ausgehen wird.

- Heute kommt noch eine ähnliche Übung dazu, und zwar nach demselben Muster wie bei den Verkäuferinnen, nur gehen Sie diesmal in verschiedene Apotheken, kaufen irgendwelche Kleinigkeit und achten darauf, daß Sie auf jeden Fall bei schönen Apothekerinnen auffallen, wie z.B.

Haben Sie etwas gegen Schnupfen? Ja?
Ich habe gehört, daß man gegen Schnupfen gar nichts unternehmen kann, das hat seine Zeit.
Stimmt's?
Wann haben Sie zuletzt Schnupfen gehabt?
Eine unangenehme Sache nicht wahr?
Ich glaube, daß ich Sie von irgendwoher kenne, aber ich bin mir nicht sicher. Können Sie sich an mich erinnern? Nein? Das ist auch nicht so wichtig, um ehrlich zu sagen, habe ich leider ein ganz anderes Problem...
Ich habe so ... wie soll ich es sagen... in der letzten Zeit habe ich so komische Träume... wie komisch?

Das ist doch nicht so wichtig... vergessen Sie es bitte.
Also was machen wir mit meinem Schnupfen ...?

- Führen Sie heute die Übung in der Bäckerei wie üblich durch. Wenn Sie einer oder der anderen „Bekannten“ von vorigen Tagen begegnen, gehen Sie auch hier in die Offensive, d.h. versuchen Sie sich mit der Dame zum Abendessen zu verabreden.

- Vergessen Sie die „Straßenübung“ nicht! Sprechen Sie auf der Straße mindestens **10 Frauen** an.

□ **Sie können es!**

- Rufen Sie heute die Damen an, die schon seit Tagen von Ihnen schöne Blumen zugeschickt bekommen, stellen Sie sich höflich vor und versuchen Sie auch hier eine Verabredung auszumachen, wie z.B.:
Hallo spreche ich mit Frau Schlegel?
Mein Name ist .... nein, ich rufe nicht wegen eines Termins an (nein ich möchte kein Zimmer bei Ihnen reservieren), sondern, wie soll ich es sagen...
Ich bin derjenige der Ihnen jeden Tag Blumen zukommen läßt.
Ich hatte bis jetzt leider nicht genug Mut Sie persönlich anzusprechen, obwohl ich Sie seit längerer Zeit bewundere und von Ihnen träume.
Nein ich übertreibe nicht...
Sie sind für mich eine Traumfrau.
Die Frauen, die verheiratet sind oder eine feste Beziehung haben, werden Ihnen das spätestens jetzt sagen. In so einem Fall bedanken Sie sich und beenden das Gespräch. Dann rufen Sie die nächste Dame an.
Bei den Frauen, die etwas Interesse zeigen (sie haben sich seit Tagen schon gefragt, wer der geheimnisvolle Verehrer sein könnte, und ihre Neugier muß jetzt ziemlich groß sein) gehen Sie auch sofort in die Offensive: **Ich will Sie nicht zu lange bei der Arbeit stören, ich wollte Sie nur fragen, ob ich Sie kennenlernen könnte und ob ich Sie zum Beispiel heute oder morgen zum Abendessen einladen dürfte.**

Geben Sie mir nur diese eine kleine Chance. Dies ist ein kleiner Schritt für Sie, aber ein großer Schritt für die ganze Menschheit!
Ja?
Wunderbar!!

- Bei den Kellnerinnen können Sie heute abend Ihre Karten auch offen darlegen!
Erfahrungsgemäß kann Ich Ihnen sagen, daß es durchaus möglich ist, daß Sie eine oder die andere Dame nach Hause begleiten dürfen!

- Heute abend können Sie auch eine andere Technik ausprobieren. Gehen Sie in ein Kino, in dem ein Liebesfilm mit viel Romantik gezeigt wird, und warten Sie an der Kasse, bis eine schöne Frau (in Begleitung einer oder zweier Freundinnen) erscheint und sich eine Eintrittskarte kauft. Stellen Sie sich direkt hinter ihr an und besorgen Sie sich einen Sitzplatz direkt neben ihr! Versuchen Sie im Kino mit ihr ins Gespräch zu kommen. Das ist nicht schwer, vergessen Sie nicht, daß Frauen zufällige Bekanntschaften lieben und zwar fangen Sie ungefähr so an:

Meinen Sie (meinst du), daß das ein guter Film sein wird?
Ja, das habe ich auch gelesen, aber ich bin mir nicht so sicher... meine Nachbarin hat den Film schon dreimal gesehen, was sagen Sie (sagst du) dazu? Für mich unvorstellbar.
Ich kann so etwas nicht verstehen, aber Sie (du), als Frau, als sehr schöne Frau sogar, wenn ich das sagen darf, können Sie (kannst du) mir vielleicht erklären, was Frauen an diesem Film so gut finden? Übrigens mein Name ist .... und Ihrer (deiner)? Sie kommen (du kommst) mir ganz bekannt vor, sind Sie (bist du) eine Schauspielerin? Sie sehen (du siehst) klasse aus!

Es ist wichtig, daß Sie reden, reden und reden... die Dame hat gar keine andere Wahl, als Ihnen zuzuhören (aber das wird sie gerne tun, im Kino fühlt sie sich sicher, ihre Freundinnen sind auch dabei, und so eine „zufällige" Bekanntschaft macht sie auch nicht jeden Tag). Kurz bevor der Film anfängt, sagen Sie noch:

Darf (kann) ich Sie (dich) und Ihre (deine) Freundin(nen) nach dem Film zu einem Drink einladen? Ich fühle mich heute abend sehr einsam. Sie können (du kannst dir) sich das noch überlegen und mir nach dem Film die Antwort geben.
In den nächsten zwei Stunden, so lange der Film dauert, wird sich die Dame mit der Frage beschäftigen, ob sie die Einladung annimmt oder nicht, während Sie den Film schön genießen und auf Ihren „Mut" stolz sein können. Vor allem stehen Ihre Chancen noch ganz gut! Hätten Sie sich vor zehn Tagen getraut, ein Gespräch mit einer unbekannten Dame so anzufangen?

□ **Sie können es!**

* * *

Der elfte Tag - Donnerstag

□ **Alles wird gut!**

- Morgendliche Begrüßung und Unterhaltung wie gehabt, selbst wenn Sie gestern keinen Erfolg gehabt haben sollten.
Versuchen Sie es noch einmal!
Haben Sie es schon vergessen?

□ **Eine Frau muß man mindestens drei Mal fragen, wenn man bei ihr etwas erreichen will!**

- Das gilt genauso für die „Verkäuferinnen", für die Damen, die Sie in der Bäckerei kennengelernt haben, für die Damen die von Ihnen Blumen bekommen haben, für die Kellnerinnen usw.

- Nehmen Sie ein paar alte Notizblöcke von Zuhause und gehen Sie in die Apotheken von gestern und führen Sie folgende Übung durch (das ist eine ähnliche Übung wie bei den Verkäuferinnen), vorausgesetzt, die Dame, die Ihnen gefällt ist heute wieder da. Bevor man Sie bemerkt oder anspricht lassen Sie unauffällig einen Notizblock irgendwo im Laden liegen und erst dann, sagen Sie ungefähr so etwas:
Guten Tag, ich war gestern kurz hier, ich weiß nicht ob Sie sich an mich erinnern können, das ist auch nicht so wichtig, ich erinnere mich gut an Sie, so eine schöne Frau kann man gar nicht vergessen, aber was ich sagen wollte...
Ich habe gestern mein Notizbuch irgendwo verloren, haben Sie es vielleicht gefunden? Ungefähr so groß, schwarz... Nein? Schade...
Hier ist meine Visitenkarte, würden Sie so nett sein, und falls Sie es vielleicht doch hier im Laden finden, mich anrufen?
Es enthält sehr wichtige Notizen. Danke.
Hat man Ihnen schon gesagt, daß Sie sehr schöne Augen haben?
Ja? Na dann... Tschüs!

- Auf dem Weg nach Hause sprechen Sie **mindestens 10** Frauen an.

- Es ist durchaus möglich, daß auf Sie zu Hause, auf Ihrem Anrufbeantworter, mehrere Nachrichten von verschiedenen Frauen warten.
Ihre unermüdliche Arbeit zeigt Resultate.

- Sie können auch selbst ein paar Frauen anrufen. Ihre Hartnäkkigkeit wird sich lohnen.

- Lernen Sie zu Hause neue Witze auswendig.

- Gehen Sie heute abend ins Kino und danach in verschiedene Kneipen und Diskotheken.
Was Sie dort machen und wie Sie es machen, glaube ich, brauche ich nicht zu erläutern.

□ **Sie können es!**

* * *

Der zwölfte Tag - Freitag

□ **Alles wird gut!**

- Bevor Sie zur Arbeit gehen, lassen Sie vor Ihrem geistigen Auge die letzten elf Tage Revue passieren.

Was sehen Sie?

Ich kann mich nur noch einmal wiederholen und Sie noch einmal fragen: Sehen Sie wie leicht es ist, eine Frau kennenzulernen?

Ich bin mir ganz sicher, daß Sie jetzt ein anderes, positives Gefühl gegenüber sich selbst haben.

- Versuchen Sie heute früh „Ihr Glück" noch einmal, und probieren Sie, sich mit Ihrer „morgendlichen" Bekanntschaft zu verabreden (selbst wenn sie Sie vielleicht schon zweimal abgeblitzt hatte) und genießen Sie Ihren Mut, egal was passiert (es ist durchaus möglich, daß die Dame wegen Ihrer Hartnäckigkeit doch noch zusagt!!).

- Nach der Arbeit machen Sie alle Übungen durch, an denen Sie Spaß haben.

- Wenn Sie danach noch Zeit haben, gehen Sie in einen Supermarkt und lernen Sie ein paar Frauen kennen.
Ich habe schon mehrmals gehört, daß man anhand eines Einkaufswagens bzw. den Lebensmitteln, die sich in ihm befinden, erkennen kann, ob die Frau allein (Single) lebt oder nicht.
Mir ist das ehrlich gesagt nie so richtig gelungen, aber ich habe trotzdem viele Frauen beim Einkaufen von Lebensmitteln kennengelernt und so das Nützliche (Einkaufen) mit dem Vergnügen (Frauen kennenlernen) verbinden können.
Hier sind nur zwei Beispiele von vielen aus meiner Praxis:

♣ An einem ganz gewöhnlichen Tag, in einem großen Supermarkt, sah ich eine schöne Frau, die neben einem Regal stand und den Inhalt zweier verschiedener Packungen Müsli genau studierte.

„Gibt es da wirklich Unterschiede?“ fragte ich lächelnd.
„Oh ja, jede Menge „ antwortete sie freundlich und schaute mich neugierig an, *„die Inhaltsstoffe sind anders, das Gewicht und der Preis auch.“*
„Wunderbar, wie Sie das alles wissen! Sie sehen ziemlich sportlich aus, ich kann wetten, daß Sie sich auch gesund und bewußt ernähren.“
„Ja das kann man sagen“, erwiderte sie ruhig und wendete sich wieder der Packungen Müsli zu, um ihr stolzes Lächeln besser verbergen zu können. Das ist mir aber natürlich nicht entgangen.
„Ich möchte auch eine Packung Müsli kaufen, welche würden Sie mir empfehlen?“
„Diese“, sagte sie sofort und schaute mich wieder an.
„Ich bin Ihnen sehr dankbar für Ihre Hilfe, möchte aber nicht in Ihrer Schuld bleiben. Darf ich Sie zu einem Eis einladen? Genau über die Straße ist ein Eiscafe.“
Das war es. In weniger als zwei Minuten bin ich zum Punkt gekommen und doch noch spontan geblieben.
„Ja, warum nicht“ antwortete sie, *„ich heiße Susanne.“*

♣ Brigitte habe ich ganz ähnlich kennengelernt.
„Das macht dick“, sagte ich zu ihr als sie ein paar Süßigkeiten in ihren Einkaufswagen laden wollte.
„Wie bitte?“
„Ich sagte, das macht dick. Und diese Süßigkeiten sind außerdem ziemlich ungesund.“
„Ich weiß nicht, was Sie...“
„Es mag sein, daß Süßigkeiten kurzfristig glücklich machen, aber ungesund sind sie trotzdem.“ Das half. Sie legte sie wieder ins Regal zurück.
„Ich bin nicht unglücklich.“
„Aber auch nicht glücklich, das kann man in Ihren Augen sehen.“
„Ach Quatsch, was wissen Sie schon...“ antwortete sie und senkte unweigerlich ihren Blick zum Boden.
„Doch sicher, seit ein paar Wochen mache ich einen unnützen Flirtkurs, und das Einzige was ich gelernt habe, ist, daß viele Menschen allein und unglücklich sind, und daß man dies in ihren Augen sehen kann.“

„Das glaube ich nicht", entgegnete sie und schaute mich trotzig an. Ich erwiderte ihren Blick und lächelte sie an.
„Was sehen Sie zum Beispiel in meinen Augen ?" fragte ich.
„Nicht viel", antwortete sie und mußte auch lächeln.
„Ich bin zur Zeit allein, sehr einsam und nicht glücklich", sagte ich ruhig und ganz langsam. Sie hörte mir sehr aufmerksam zu. ***„Wenn ich Sie zu Mittagessen einladen darf und Sie, sagen wir,... sogar zustimmen, dann brauchen wir beide keine Süßigkeiten mehr zu kaufen! Was meinen Sie?"***
„Ich weiß nicht..."
„Jetzt oder nie, das ist hier die Frage", scherzte ich.
„Okay", gab sie sich einverstanden.

- Eine gute Methode, eine Frau im Supermarkt kennenzulernen, ist, wenn Sie eine Kleinigkeit fallen lassen und warten, daß sie Sie darauf aufmerksam macht.
Bedanken Sie sich und versuchen Sie ins Gespräch zu kommen!
Oder bauen Sie „einen kleinen Unfall" und stoßen Sie „ zufällig " mit Ihrem Einkaufswagen in ihr Einkaufswagen und nachdem Sie sich entschuldigt haben, versuchen Sie in Gespräch zu kommen.
Ganz ähnlich können Sie eine Frau kennenlernen, wenn Sie sie mit Ihrer Einkaufstüte anstoßen und sich dann voller Sorgen entschuldigen! Wie z.B.:
„Entschuldigung! Das tut mir so leid, habe ich Sie verletzt? Nein? Sind Sie wirklich in Ordnung? Ich bin immer so tolpatschig, was ist das für ein Fleck auf Ihrer Hose? (Rock, Jacke usw.) Sie sehen keinen?
Sagen Sie mir bitte, wie ich das wiedergutmachen könnte? Darf ich Sie zu einem Drink einladen?
Ich glaube sogar, daß ich Sie von irgendwoher kenne...
Es ist nur wichtig, daß Sie reden und reden.

Die Resultate werden dann sehr schnell kommen, viel schneller als Sie das vielleicht erwarten.

- Zu Hause, auf Ihrem Anrufbeantworter, warten schon ein paar Anrufe aus verschiedenen Apotheken, mit der Nachricht, daß ein Notizblock gefunden wurde.
Rufen Sie sofort zurück und gehen Sie gleich in die „Offensive":

Hallo, hier ist...danke für Ihren Anruf...und daß Sie den Notizblock gefunden haben, kann ich ihn noch heute abholen? Bis wann arbeiten Sie?
Ich bin so glücklich darüber, daß Sie ihn gefunden haben... Ich bin Ihnen so dankbar... darf ich Sie heute oder morgen Abend zum Abendessen einladen? Ich möchte mich bei Ihnen damit bedanken.
Sie werden staunen, wieviele Frauen solche Angebote annehmen werden, und falls sie es nicht gleich tun, machen Sie unbeirrt weiter:
Schade...für Sie meine ich.
Ich kenne so ein gutes Restaurant. Darf ich Sie wenigstens zu einem Drink einladen?
Bitte...usw.
- Wenn Sie heute abend keine Verabredung haben (was sehr unwahrscheinlich ist) gehen Sie wie üblich aus und führen Sie alle Übungen durch, so lange bis Sie zehn oder zwanzig neue Frauen kennengelernt haben.

□ **Sie können es!**

* * *

Der dreizehnte Tag - Samstag

□ Alles wird gut!

Weil Sie mit Sicherheit für heute und morgen schon ein paar Verabredungen haben, werden wir uns jetzt damit beschäftigen:

Zuerst wählen Sie nur Restaurants oder Kneipen aus, die Ihnen bestens bekannt sind. Dort, wo Sie sich gut auskennen, fühlen Sie sich auch am wohlsten, und das wird Sie dazu bringen, sich selbstbewußt und gut zu fühlen. Dem entsprechend werden Sie auch richtig und locker handeln können (sozusagen eine Art Heimspiel für Sie!).

Bei einer Verabredung ist es sehr wichtig, genug Gesprächsstoff (genau wie beim Telefonieren) zu haben, damit sich Ihre Auserwählte nicht langweilt.
Das heißt, bevor Sie zu der Verabredung gehen, suchen Sie sich ein paar interessante Themen aus.
Ob das UFOs oder der Papst ist, die neue Mode oder die neuen Trends, schöne Musik oder gute Filme usw., spielt keine Rolle, Hauptsache ist, Sie haben sich gut vorbereitet und das Gespräch wird dann fast wie von selbst laufen.

Der erste Schritt wäre, Gemeinsamkeiten zu entdecken oder wenn nötig zu erschaffen, aber nicht nur durch Worte (ähnliches Hobby, ähnliche Interessen und Vorlieben), sondern vielmehr, indem Sie den Atemrhytmus, die Körperhaltung und den Tonfall Ihrer Gesprächspartnerin imitieren. Auf diese Art kommt man sich erstaunlicherweise sehr schnell näher.
Zeigen Sie Interesse gegenüber dem, was die Dame erzählt, das wird ihr sehr schmeicheln. Je mehr Sie auf die Bedürfnisse Ihrer Gesprächspartnerin eingehen, desto mehr wird sie sich zu Ihnen hingezogen fühlen.
Außerdem ist es viel interessanter zuzuhören, da Sie sie sowieso wirklich besser kennenlernen wollen.
Selbst wenn sich später herausstellen sollte, daß sie nicht die richtige Frau für Sie ist, kann sich zwischen Ihnen eine schöne und wahre Freundschaft entwickeln, was auch zu schätzen ist.

Das Gespräch bei der ersten Verabredung (sowie beim Kennenlernen) ist sehr wichtig und es entscheidet oft (nicht immer), ob die Dame Sie wiedersehen möchte oder nicht.
Deshalb achten Sie darauf, in welche Richtung sich das Gespräch entwickelt, und daß es ohne längere Pausen verläuft.

Jeder von uns hat einen Lieblingsgesprächsstoff; versuchen Sie ihr Lieblingsthema herauszufinden und halten Sie sich daran fest.

Es ist auch wichtig im Laufe des Abends einen kleinen Hautkontakt zu haben. Berühren Sie zärtlich das Handgelenk der Dame um ihre Uhr besser zu sehen und zu bewundern. Fragen Sie, was dies für eine Uhr ist, (welche Marke) und ob es sich um ein Geschenk handelt.
In Wirklichkeit, interessieren sich gar nicht für die Uhr, sondern wollen nur testen, wie die Dame auf Ihre Berührung reagiert. Wenn die Reaktion gut ist, (die Dame läßt sich kurz und zärtlich berühren) testen Sie weiter wie Ihre Chancen sind, und fassen Sie ihre Hand an, schauen Sie ihr tief in die Augen (sehr wichtig!) und sagen Sie:

„Was für schöne Hände Sie haben! Ihre Haut ist wie Seide, wie machen Sie das bloß? Haben Sie eine spezielle Creme oder wollen Sie das Geheimnis nicht verraten?
Darf ich Ihre Handlinien lesen? (Es spielt keine Rolle, ob Sie das wirklich können oder nicht, Hauptsache, Sie halten ihre Hand mindestens zehn oder zwanzig Sekunden lang).
Ich sehe hier ein langes und vitales Leben, und daß Sie sehr bald einen Prinzen treffen werden. Oder, vielleicht ist das schon bereits passiert, wer weiß?

Solche selbstentwickelten Gesprächstechniken habe ich sehr oft benutzt und sehr gute Erfahrungen gemacht.

Die Hände einer Frau sind sehr sensibel, und wenn Sie sie einmal berührt haben, schafft das ein besonders vertrauliches Gefühl zwischen Ihnen und der Frau.
Eine meiner Ex-Freundinnen sagte mir einmal (als wir noch zusammen waren):

„Kannst du dich an unsere erste Verabredung erinnern als du meine Hand angefaßt hast und aus meiner Handlinien gelesen hast?“
„Ja, natürlich erinnere ich mich daran.“
„Diese Berührung hatte in mir damals, das erotischste und gleichzeitig romantischste Gefühl in meinem Leben erweckt!“

Hier möchte ich Ihnen noch einen selbstentwickelten Test verraten: Wenn Sie die Dame nach der ersten Verabredung nach Hause begleiten und ein Stück zu Fuß gehen (z.B. aus dem Restaurant bis zum Auto oder Taxi usw.) nehmen Sie entschlossen, aber sehr ruhig die Hand der Dame und unterhalten sich einfach weiter, als ob es die natürlichste Sache der Welt wäre, daß Sie ihre Hand halten dürfen.

Genau so ist es beim ersten Kuß, man darf nie fragen **„darf ich dir einen Kuß geben**, oder **darf ich dich küssen?“** sondern man tut es einfach!!

Geben Sie Ihrer Gesprächspartnerin das Gefühl, einzigartig und besonders zu sein. Anders als alle anderen, die Sie bis jetzt kennengelernt haben. Versuchen Sie, ihr Wesen als Frau zu spüren. Betonen Sie die Liebesfähigkeit und Treue, die Sie in sich bergen.

Hier gilt natürlich wie, für alles andere, die Faustregel:

□ **Erfahrungen sammeln** (gute wie schlechte).

Fassen wir es noch einmal kurz zusammen:

- Gehen Sie gut vorbereitet zur Verabredung (verschiedene Gesprächsthemen parat haben).

- Seien Sie natürlich und entspannt (da Sie sowieso nichts zu verlieren haben).

- Schauen Sie ihr tief in die Augen (jetzt können Sie es länger tun) und genießen Sie den Abend, egal was passiert.
Mehr ist nicht drin.

Hier sind noch ein paar allgemeine Erinnerungsstützen sowie noch ein paar Beispiele aus meiner Praxis:

Sprechen Sie Frauen an.

Nur so können Sie eine Freundin oder Frau fürs Leben finden.

Wenn Sie keinen Mut haben, eine Frau anzusprechen, dann sagen Sie es ihr! Die Dame wird sich geschmeichelt fühlen, daß Sie Ihren ganzen Mut zusammengenommen haben, nur um sie anzusprechen.

Wenn Sie am Anfang des Gesprächs nervös und verklemmt sind und nicht wissen was Sie sagen sollen, dann sagen Sie einfach die Wahrheit.

Sagen Sie ihr, wie sie auf Sie wirkt! Jede Frau wird dafür Verständnis zeigen. Selbst ein leichtes Stottern oder Zittern ist absolut kein Hindernis! (Nur am Anfang, später sollen Sie schon lockerer werden).

Ihre Gesprächspartnerin soll auf keinen Fall den Eindruck bekommen, daß Sie ein routinierter Anmacher sind, der jede Frau, die ihm über den Weg läuft, aufreißen will.

Die beste Methode, eine Frau kennenzulernen ist meistens einfach und direkt.
Das heißt, gar keine Methode.

So etwas wie Versagen gibt es nicht. Eine Ablehnung bedeutet nicht das Ende der Welt.

Ich habe sehr, aber wirklich sehr oft viele Frauen, auf der Straße, in Supermärkten, Kaufhäusern oder Cafés ganz direkt und einfach angesprochen. Und was passiert meistens?
Ich frage zum Beispiel: **Entschuldigung, kann ich Sie (dich) kurz etwas fragen?**
Von Zehn Frauen sagen neun Ja, eine gibt keine Antwort, wendet ihren Kopf ab oder läuft weiter.

Dann sage ich: **Bitte lachen Sie (lache) mich nicht aus, aber so eine schöne Frau habe ich lange, sehr lange sogar nicht gesehen.**
Von neun Frauen geht eine sofort weg, die anderen bleiben weiterhin stehen.
Dann frage ich weiter: **Sind Sie (bist du) noch zu haben? Kann ich Sie (dich) zu einem Drink einladen?**
Fünf Frauen von acht antworten dazu: **Ich bin leider nicht mehr zu haben,** oder: **Ich bin in absolut festen Händen.**
Jetzt kommt das Wichtigste. Sie lächeln mich so wunderbar an. Ich sehe in ihren Augen so eine Freude, und sie bedanken sich manchmal drei oder viermal und sie strahlen von Freude und dann weiß ich es. Ich habe diese Frauen für einen kurzen Moment wirklich glücklich gemacht.
Wenn Sie, lieber Leser so etwas nur einmal erleben, so einen Blick und ein Lächeln, und daß eine Frau viermal hintereinander Danke sagt, dann würden Sie nie mehr damit aufhören wollen.
Eine Frau von dreier sagt: **Vielleicht ein anderes Mal**, und die restlichen zwei sagen: **Ja warum nicht?**
So einfach ist das. Die Frauen spüren meine enorm große Erfahrung in Umgang mit ihnen, aber jeder hat klein angefangen.

□ Sie können es auch!

Man kann Frauen überall kennenlernen. Es sei denn, Sie möchten eine bestimmte Frau bzw. eine Frau aus einer bestimmten Berufsgruppe als Freundin haben. Warum nicht?
Das Prinzip ist dasselbe.
Blumen, Offenheit und Ehrlichkeit, Geduld und Ausdauer.
Ob das eine Ärztin, eine Bankkauffrau oder eine Frau aus einem Reisebüro ist, es spielt keine Rolle.
Tun Sie es.
Tun Sie den ersten Schritt!
Die meisten Frauen habe ich beim Einkaufen kennengelernt. Warum?
Was mögen Frauen am meisten? Natürlich Einkaufen gehen! Das Einkaufen entspannt Frauen und somit sind sie viel ruhiger und bereiter, sich mit Männern zu unterhalten.

Dabei hat man fast gar keine Konkurrenz, da die meisten Männer einfach nur warten bis der Abend kommt, trinken Alkohol um ein bißchen Mut zu bekommen und wenn sie trotzdem versuchen eine Frau anzusprechen, dann nur halbherzig und ohne Selbstvertrauen. Oder sie übertreiben und spielen dann einen Supermacho, was wirklich blöd ist.
Benehmen Sie sich ganz normal.
Eine junge Frau hatte ich zum Beispiel einmal auf der Rolltreppe in einem Kaufhaus kennengelernt. Sie schaute kurz auf ihre Uhr und ich fragte sie automatisch und spontan wie spät ist es (obwohl ich selbst eine Uhr an meinem Handgelenk trug). ***„Kurz vor vier“***, antwortete sie etwas barsch, sie wollte nicht so billig angebaggert werden. Ich gab aber nicht auf. ***„Entschuldigung, ich wollte dich nicht anquatschen, ich wollte wirklich nur wissen, wie spät es ist“***, sagte ich ruhig.
„Schon gut“, entgegnete sie schon etwas netter und unsere Blicke trafen sich für einen kurzen Moment.
„Du hast so schöne Augen“, sagte ich schnell ***„sind sie echt?“*** So eine Frage hatte sie nicht erwartet und jetzt lächelte sie sogar.
„Natürlich sind sie echt, was denn sonst?“ sagte sie stolz. Das Eis war gebrochen. Wir lächelten jetzt beide.

Einmal war ich in einer wirklich großen Bank und erblickte eine wunderschöne Frau hinter dem Bankschalter. Bevor ich irgend etwas sagen konnte, verschwand sie in ein Büro. Ich konnte nur einen Blick auf ihr Namensschild erhaschen. Ich sah nicht den ganzen Namen aber immerhin die ersten Buchstaben. Ich wartete fast zwanzig Minuten darauf, das sie aus dem Büro herauskommt, aber sie tauchte nicht wieder auf. Dann ging ich nach Hause und eine Stunde später rief ich die Bank an.
„Könnte ich bitte Frau Rosa, oder Rosi sprechen bitte?“ fragte ich.
„Sie meinen Rosali, oder?“ fragte eine weibliche Stimme.
„Ja, so ist es“, sagte ich dankbar.
„Einen Moment bitte“ sagte die nette Stimme und ich wartete.
„Ja, bitte?“ meldete sich Rosali.
„Ja, mein Name ist Daniel Webster“, stellte ich mich kurz vor, ***„ich habe Sie vor etwas mehr als einer Stunde kurz in der Bank gesehen... und Sie mich auch, glaube ich, aber ganz kurz.***

Können Sie sich an mich erinnern?
„Das kann leider nicht sein, ich habe mein Büro fast den ganzen Tag nicht verlassen“, antwortete sie.
„Vielleicht habe ich Sie doch verwechselt bzw. eine falsche Telefonnummer bekommen. Darf ich Sie fragen wie Ihr Haar aussieht?“
„Ich habe schwarzes Haar, kurz und...“ begann sie sich bereitwillig zu beschreiben mit fröhlicher Stimme. Es schien, als ob es ihr Spaß machte. Ich unterbrach sie.
„Gibt es bei Ihnen eine andere Rosali, die etwas mehr blond ist? Oder eine Frau, die so ähnlich heißt?“ fragte ich weiter.
„Aber sicher, Frau Rosak, sie ist unsere Chefin. Ich verbinde Sie weiter“, bekam ich zu hören.
„Ja, bitte?“ Ich wußte es sofort. Diese erotische Stimme gehört der Frau, die ich vorhin gesehen hatte. Ich stellte mich noch einmal vor und sagte ihr ehrlich, wie fasziniert ich war, als ich sie gesehen hatte.
„Darf ich Sie zu einem Drink einladen? Ich würde Sie gern kennenlernen“, fragte ich anschließend.
„Ja, warum nicht“, antwortete sie ***„nur heute geht es leider nicht. Vielleicht morgen nach dem Feierabend.“***
Das Eis war gebrochen. Mein Mut, meine Ehrlichkeit und Offenheit hatten sich gelohnt.

Machen Sie ehrlich gemeinte Komplimente so oft wie Sie nur können.
Neulich ging ich in ein Kaufhaus um eine Uhr für meine Mutter zu kaufen. In dieser Abteilung arbeitete eine wunderschöne Brünette, die immer sehr stolz aussah und den Männern bzw. mir nie Beachtung schenkte. Das war mir ehrlich gesagt immer egal, aber da ich jetzt an diesem Buch schon lange arbeite, wollte ich sie kurz testen. Ich suchte sehr lange nach einer geeigneten Uhr und dann ließ ich sie mir von ihr geben.
„Das ist eine schöne Uhr“, wiederholte sie müde zwei oder dreimal wie eine Schalplatte. Sie würdigte mich keines einzigen Blickes und ihr Blick schweifte aus matten Augen gelangweilt umher. Sie wich meinem Blick aus.
„Nein“, sagte ich langsam und überzeugend ***„das hier ist eine schöne Uhr“*** und zeigte auf die Uhr auf ihrem Handgelenk.

Dann passierte etwas, was selbst ich nicht erwartet hatte. Sie lächelte mich dankbar an und richtete sich auf. In ihrem engen Rock sah sie wie eine wunderschöne Amazonin aus. Sie war viel größer als ich und schaute mich jetzt von oben herab strahlend an. Ihre ganze Haltung gegenüber mir hatte sich in nur wenigen Sekunden geändert. Ihre Müdigkeit und die Langweile waren spurlos verschwunden. Mein Geschenk wurde nie so schön verpackt wie jetzt. Ich traute mich nichts mehr in der Art zu sagen, ich war gar nicht vorbereitet auf so eine schnelle, positive Reaktion von ihr. So kann man sich irren nicht wahr?

Bevor ich Ihnen zu langweilig werde, gebe ich hier noch ein Beispiel, wie man spontan und ohne größere Überlegung oder irgendwelche Taktik eine Frau kennenlernen kann.

Ich sah sie schon von weitem mir entgegen kommen. Eine sehr schöne Frau. Mein Herz fing schneller zu klopfen an. Es war an einem Spätnachmittag in einer Seitenstraße und wir zwei waren die einzigen Passanten.
„Entschuldigung darf ich Sie kurz etwas fragen?“ fragte ich sie, als sie vorbei ging.
„Ja?“ sagte sie vorsichtig. Das Problem war, das sich weit und breit keine Menschenseele befand. Zum Glück war es ein sonniger Tag, hell genug.
„Kennen Sie sich in dieser Gegend aus?“ fragte ich schüchtern.
„Ja, ein bißchen“, meine Schüchternheit, hatte sie etwas aufgelockert.
„Könnten Sie mir ein gutes Restaurant hier irgendwo in der Nähe empfehlen?“ fragte ich etwas sicherer.
„Was für ein Restaurant? Ich weiß nicht, was Sie so essen“, antwortete sie jetzt ganz freundlich und dachte nach.
„Nichts Spezielles, ganz normale Küche“, ich wollte ihr nicht gleich sagen, daß ich seit Jahren Vegetarier bin.
„Ja, vielleicht, die zweite Straße rechts. Ja doch, dort ist ein Restaurant. Sonst gibt es in dieser Richtung nichts mehr.“
„Sie sind sehr nett. Würden Sie mir vielleicht Gesellschaft leisten. Ich lade sie gerne ein“, sagte ich jetzt ganz selbstbewußt. Das Eis war schon gebrochen. Plötzlich schmunzelte sie. Irgend etwas erschien ihr offensichtlich sehr komisch.

„Ich kann jetzt leider nicht", sagte sie leise, immer noch schmunzelnd ***„ich muß zur Arbeit..."***
„Ja...?" ermutigte ich sie weiterzureden.
„Ich arbeite selbst in einem Restaurant als Kellnerin. Ansonsten studiere ich." Das war es also, was sie so komisch fand.
„Ach wirklich? Wo genau?"
„Da drüben." Sie zeigte mir mit dem Kopf über die Straße.
„Ja, wunderbar!" sagte ich erfreut ***„dann komme ich heute abend zu Ihnen."***
„Wir haben gutes Essen", sagte sie lächelnd.
„Aber nicht doch. Ich werde nicht wegen des Essens kommen", sagte ich und machte eine kleine Pause.
„Sondern?" fragte sie mit gespielter Neugier.
„Ich werde natürlich nur Ihretwegen kommen", sagte ich auch lächelnd.
„Dann kommen Sie doch", entgegnete sie kokett und ging strahlend weiter.

Ich könnte Ihnen noch hunderte Beispiele aus meiner Praxis geben, aber ich glaube es ist genug. Es ist wichtig, daß Sie das Prinzip begriffen haben.

* * *

Der vierzehnte Tag - Sonntag

□ **Alles wird gut!**

- Sonntag ist ein Familientag, d.h. die Frauen, die heute allein sind, haben mit großer Wahrscheinlichkeit keinen festen Partner.

- Beim Joggen, heute früh, fangen Sie an Frauen kennenzulernen. Wie, ist Ihre Sache.

- Sie können heute vormittag auch in eine Kirche gehen, am Gottesdienst teilnehmen und Frauen in der Kirche kennenlernen (es muß nicht immer ein Restaurant oder eine Diskothek sein).

- Gehen Sie heute vormittag in ein oder auch zwei Waschsalons und lernen Sie ein paar Frauen kennen.

- Gehen Sie und tun Sie, was Sie wirklich wollen und wozu Sie Lust haben.

□ **Sie haben die Freiheit.**

□ **Sie haben den eisernen Willen.**

□ **Sie haben den Mut.**

□ **Sie haben die nötigen Erfahrungen.**

□ **Sie sind hochmotiviert.**

□ **Sie können es!**

Ist das nicht wunderbar?

- Telefonieren Sie heute nachmittag bis es „nicht mehr weiter geht." Telefonieren Sie, telefonieren Sie und noch einmal, telefonieren Sie!

□ **Sie können jetzt die Wahl treffen, welche Frau Sie anrufen wollen!**

□ **Sie haben jetzt die Wahl, sich mit einer oder der anderen Frau zu verabreden!!**

□ **Sie entscheiden jetzt, mit welcher Frau Sie eine Beziehung anfangen möchten!!!**

Vor nur vierzehn Tagen war Ihre Situation noch eine ganz andere!

Meine herzliche Gratulation, Sie, und nur Sie selbst, haben es geschafft!

Mit mehr oder weniger Mühe, mit viel oder nicht so viel Spaß, aber auf jedem Fall mit viel Arbeit und mit viel Überwindung ist es Ihnen gelungen Ihr langersehntes Ziel zu erreichen.

□ **Sie haben Ihre eigenen Schwächen beseitigt und eine Freundin gefunden.**

* * *

ENDE GUT ALLES GUT?

Spätestens jetzt können Sie sehen, ob Ihre neue Beziehung und die Erfahrung, eine Freundin zu haben, alle Ihre Probleme lösen können.

Ich will Ihr Glück nicht trüben, aber auf Sie kommen jetzt noch jede Menge Verantwortung und viel Geduld, für das Erhalten dieser jungen Beziehung zu.

Anderseits können Sie jetzt auch andere Lebensbereiche in Ordnung bringen.

Mut, Energie und Willen haben Sie bereits gezeigt! Gratulation noch einmal an dieser Stelle!

Ansonsten beginnt hier ein Kapitel in Ihrem Leben, in dem nur Sie und Ihre Freundin gefragt sind.

Für eine gute Beziehung braucht man zwei Personen, die sich gut verstehen und bereit sind, auch Kompromisse zu machen.

Wenn Sie schon sehr lange allein waren, kann Ihnen das natürlich anfangs etwas schwer fallen, aber Sie sollten es durchstehen und lernen, wie man Kompromisse macht.

Mit etwas Geduld und Verständnis für Ihre Partnerin, können Sie eine schöne Beziehung aufbauen.

Ob Ihre jetzige Freundin auch die Frau fürs Leben ist, wird sich natürlich erst später zeigen.

Nur nichts überstürzen.

Machen Sie sich auch keine größeren Gedanken darüber.

Entweder klappt es oder klappt es nicht, nur mit dem großen Unterschied, daß Sie jetzt, jeder Zeit eine andere finden können, wenn Sie es nur wollen.

Für die neue Beziehung müssen Sie aber auch bereit sein zu kämpfen, wenn dies notwendig ist, um ihr auch eine Chance zu geben sich überhaupt entwickeln zu können.

Verliebt zu sein ist eines der schönsten Gefühle auf dieser Welt.

Genießen Sie es!

□ **Alles wird gut!**

ENDE